rowohlts monographien
begründet von Kurt Kusenberg
herausgegeben
von Klaus Schröter

Louis Armstrong

**mit Selbstzeugnissen
und Bilddokumenten
dargestellt von
Ilse Storb**

Rowohlt

Dieser Band wurde eigens für «rowohlts monographien» geschrieben
Den Anhang besorgte die Autorin
Herausgeber: Klaus Schröter
Mitarbeit: Uwe Naumann
Assistenz: Erika Ahlers
Umschlagentwurf: Werner Rebhuhn
Vorderseite: Louis Armstrong mit Trompete und Taschentuch
(Ullstein-Bilderdienst, Berlin)
Rückseite: Mit Billie Holiday im Film «New Orleans», 1947
(Sammlung Klaus Stratemann)

Veröffentlicht im Rowohlt Taschenbuch Verlag GmbH,
Reinbek bei Hamburg, Oktober 1989
Copyright © 1989 by Rowohlt Taschenbuch Verlag GmbH,
Reinbek bei Hamburg
Alle Rechte an dieser Ausgabe vorbehalten
Satz Times (Linotron 202)
Gesamtherstellung Clausen & Bosse, Leck
Printed in Germany
1080-ISBN 3 499 50443 X

Inhalt

1967

Der Mensch

Ich möchte die Menschen glücklich machen mit meiner Trompete! ... Sie ist meine Geliebte, und sie liebt mich ... Ich bin glücklich, wenn ich meine Trompete spielen kann, und fühle mich stark. Es ist das Leben selbst, das ich ausdrücken möchte, das Leben und die einfachen schönen Dinge des Lebens ... Für mich ist die Musik so notwendig wie die Luft, die ich einatme. Wenn ich singe oder meine Trompete spiele, so ist es für mich nicht anders, als wenn ich eine Rede hielte, die Zeitung läse oder eine Liebeserklärung machte ... [1]*

Musik beginnt mit dem Schlag des menschlichen Herzens und dem Klang der menschlichen Stimme. Aus dem Herzschlag entstehen Puls, Beat, Rhythmus. Die Stimme erzeugt Klänge, Melodien.

Louis Armstrong war als Mensch und Musiker immer den ursprünglichen, «primitiven» Kräften der menschlichen Natur verbunden. Vergleichbar der schwarzafrikanischen ganzheitlichen Kunst- und Lebensauffassung vereinigte Louis Armstrong in den Wurzeln seiner Persönlichkeit: Expressivität der Stimme, Virtuosität des Instruments, Kommunikationsfähigkeit des Entertainers.

Oh, yeah! war nach Auskunft seiner Mutter angeblich seine erste Lebensäußerung. [2] *Oh* für die Ehrfurcht und das Erstaunen vor dem Wunder Leben, *yeah* als Äußerung positiver Kraft des Denkens und Fühlens. Auch der französische Jazzforscher Hugues Panassié schreibt in seinem Buch über Louis Armstrong: «Der wärmste und freundschaftlichste on, der auf der Welt existiert, ist, Louis Armstrong sagen zu hören: *Yeah!*» [3]

Louis Armstrong ist eine der bekanntesten und beliebtesten Persönlichkeiten des 20. Jahrhunderts. Seine unverwechselbare, rauhe Stimme ist Millionen Menschen bekannt. Der Name Louis Armstrong ist für viele förmlich identisch mit der Vorstellung vom Wesen der Jazzmusik.

Louis Armstrong wird von seinen Musikerkollegen, seinen Angehörigen und Bekannten, seinen unzähligen Fans in aller Welt, aber auch von seinen Kritikern als warmherzig, gutmütig, rücksichtsvoll und friedfertig bezeichnet. Man kann seine Lebenseinstellung und sein Verhalten un-

---

* Die hochgestellten Ziffern verweisen auf die Anmerkungen S. 128f.

konfessionell als christlich bezeichnen: lieben und geliebt werden, in jedem Menschen den Bruder zu suchen.

Louis Armstrong war immer verbindlich, von Natur aus ein geborener Diplomat, the «Real Ambassador Of Peace And Love», der guten Willen und gute Musik wie eine Botschaft zu verbreiten suchte.

Mann, sagte er, wir haben den guten Jazz nie verändert. – Die Leute stimmen gerade jetzt damit überein. Das moderne Zeug zählt einfach nicht. Diese Jazzmusiker (cats) spielen gerade nur Übungen... Sie haben keine Seele... Die Musik muß aus dem Herzen kommen. Warum die Melodie verändern? Es sind keine Fehler darin.[4]

Louis Armstrong war überhaupt ein Kommunikationsgenie. Sein Verhältnis zum Publikum war immer sehr innig und intensiv. Nie hat Armstrong Fans oder Autogrammjäger abgewimmelt. Auf dem Weg zum Zahnarzt in New York entdeckte ihn einmal ein kleiner Junge: «Da ist Satchmo!» (von Satchelmouth = Mund so groß wie eine Tasche). Sofort versammelte sich eine Menschentraube um ihn, und er konnte nicht mehr aufhören, Autogramme zu geben.[5]

Niemand wurde von Armstrong ausgeschlossen. Seine ehrliche, unmittelbare Verhaltensweise ließ ihn auch in Deutschland viele Freunde finden. Das war nach dem absoluten Verbot der «Niggermusik» Jazz durch die Nazis kaum vorauszusehen, läßt sich aber durch das heimliche Kurzwellenhören und das kaschierte Jazzspiel der Tanzorchester in den dreißiger und vierziger Jahren erklären. Der Nachholbedarf an Jazzmusik war in den Jahren nach dem Zweiten Weltkrieg sehr stark. – Humorvoll wendet Armstrong sich nach einer Fernsehsendung mit den «All Stars» in New York 1965 an die Berliner Bevölkerung: *Grüß mir all die Fans, die ich in Deutschland habe, und sag ihnen, wenn ich komme, sollen sie Sauerkraut und Wurst bereithalten!*[6]

Louis Armstrong war von nahezu unerschöpflicher Energie. Für Musik, für seine Trompete ließ er schon als Kind alles stehen und liegen. Er trug tagsüber Zeitungen oder Kohlen aus und spielte abends in «Honky Tonks»[7]. Als junger Mann in Chicago machte er morgens im Studio Aufnahmen, spielte nachmittags im Theater «Vendome», abends im «Sunset Café», oft bis vier Uhr morgens. Er hatte sein Leben lang kaum Zeit zum Ausruhen, auch später nicht in seinem Haus in Corona bei New York. Er brachte Verständnis für alle möglichen menschlichen Schwächen auf, für menschliches Elend, das er selbst in den ärmsten Slums von New Orleans erfahren hatte, nur nicht für Faulheit und Bequemlichkeit. In Nashville sagte er einmal zu jungen Musikern: *The Lord loves the poor, but not the poor and lazy.*[8] (Der Herr liebt die Armen, aber nicht die Armen und Faulen.)

Louis Armstrongs Charakterzüge Schüchternheit und Unsicherheit werden besonders von dem Armstrong-Biographen J. L. Collier betont. Er begründet seine Auffassung mit zwei grundlegenden und schwerwiegenden Bedingungen, die das Wesen Armstrongs bereits in dessen Kindheit geformt haben: er war schwarz, er war vaterlos. Collier behauptet, daß diese Bedingungen Armstrongs gesamtes Leben geprägt hätten und daß er darum nie ganz selbständig geworden sei, um entsprechend bestimmt Autoritäten gegenüber aufzutreten oder sich im Wettbewerb mit anderen Musikern durchzusetzen.[9]

Die diskriminierenden Bedingungen für schwarze Menschen in den USA sind von der weißen Gesellschaft geschaffen worden. Man muß «white, Anglo-Saxon and protestant» sein, um zur ersten menschlichen und gesellschaftlichen Garnitur gehören zu können. Louis Armstrong hat sich unter Einsatz all seiner Kräfte aus dem niedrigsten Negro-Slum, aus «bestialischer Existenz», aus einer «Höllenecke»[10] zum Leben und Überleben und zu einer großen musikalischen Persönlichkeit durchgekämpft, die anfängliche Schüchternheit eines Halbwaisen überwunden und später unbekümmert und spontan vor Königen und Staatsmännern in aller Welt gespielt. Er hat nie von sich aus angegriffen, hat sich aber sehr wohl verteidigt, wenn er angegriffen wurde. Dan Morgenstern, Herausgeber der Zeitschrift «Downbeat» und Direktor des «Institute For Jazz Studies» der Rutgers University, New Jersey, kannte Armstrong 23 Jahre lang, zunächst als Fan, dann als Jazzkritiker und Freund. Er kann Colliers These von Armstrongs tief verwurzelter Unsicherheit nicht bestätigen, da Collier, wie Morgenstern meint, einseitig psychologisierende Quellenforschung betreibt.[11]

Ein eklatantes Beispiel für Mut, Selbstsicherheit und seelische Energie ist Armstrongs Auftritt 1931 in den «Suburban Gardens» von New Orleans. Über die Canal Street war ein Banner mit der Aufschrift: «Welcome To Louis Armstrong, The King Of Perdido» gespannt. 5000 weiße Leute waren in den «Suburban Gardens» versammelt, mehr als 10000 außerhalb auf dem Weg, etwa 50000 warteten am Radiogerät zu Hause. «Louis Armstrong And His Orchestra» waren bereit, die Show mit der Erkennungsmelodie *When It's Sleepy Time Down South* zu beginnen, als der Radioansager mit den üblichen Worten begann: «Are you listening? This is ‹Suburban Gardens›!» und dann fortfuhr: «I havn't got the heart to announce that nigger!» (Ich habe nicht den Mut, diesen Nigger anzusagen!) Nach einer Schrecksekunde nahm Armstrong die Situation selbstsicher in die Hand. Er sagte zur Band: *Give me a loud one in Bb flat and hold it!* (Gebt mir ein lautes B und haltet es!) Armstrong trat hinter dem Vorhang hervor, mit der Trompete in der Hand, und erwartete, ausgebuht zu werden. – Eine endlose Ovation empfing ihn. Die Weißen in der Nähe der Bühne riefen: «Louis, Louis!» Der Bann war gebrochen; das Konzert fand statt. Louis' menschliche Größe und seelische Energie hatten den aufkommenden Rassenwahn überwunden.[12] Auf diese spektakuläre Art sprach zum erstenmal ein Neger in einer Rundfunkanstalt des Südens.[13]

Der Trompeter Rex Stewart aus dem «Fletcher Henderson Orchestra», der ein feuriger Bewunderer und Imitator Armstrongs war, beschreibt ihn als großzügig und zugleich bescheiden. Armstrong kaufte für einen jungen Musiker eine Trompete oder bezahlte für einen alten Musiker die Rente, ohne darüber zu sprechen. Louis konnte ausbrechen wie ein Vulkan, aber für sein Publikum war er immer der liebenswerte, freundlich grinsende, stürmisch blasende, Augen rollende *Hello Dolly* – Kommunikationstyp: Louis der Große.[14]

Wer das Energie- und Humorbündel Louis Armstrong nach Auftritten

Louis Armstrong mit Orchester in den «Suburban Gardens». New Orleans, 1931

hinter der Bühne gesehen hat, glaubte allerdings, den großen Satchmo nicht mehr wiedererkennen zu können. Äußerste Kraft und Anstrengung waren für das geliebte Publikum verbraucht worden. Da saß nur ein müder, aber trotzdem nie unfreundlicher oder arroganter Armstrong.[15]

Ein besonderer Aspekt in Armstrongs Persönlichkeit war sein umwerfender, ansteckender, explosiver Humor. Der Produzent Edward R. Murrow setzte den ersten abendfüllenden Dokumentarfilm (1957) über einen Jazzmusiker von internationaler Bedeutung, nämlich «Satchmo, the Great», in einen weitgreifenden humorvollen Kontext: «Hannibal überquerte die Alpen 218 vor Christus mit 37 Elefanten und 12000 Pferden. Louis Armstrong überquerte die Alpen in der Mitte des 20. Jahrhunderts mit einer Trompete und fünf Musikern.»[16] Bei der friedlichen Überquerung der Alpen durch Louis Armstrong handelte es sich um den Flug der 1947 gegründeten «All Star»-Gruppe nach Italien anläßlich einer Konzerttournee im Herbst 1955.

Louis Armstrong machte sich selten auf Kosten anderer lustig, auch nicht auf Kosten seiner Musikerkollegen: *Sehen Sie... ich liebe es nicht, meine Meinung über Kollegen zu äußern...*[17] Die Zeitschrift «Playboy» berichtet von einer Ausnahme: «Satchmo Bops the Boppers!» (Satchmo macht die Bopper fertig!) Louis Armstrong griff während eines Auftritts im Lokal «Blue Note», Chicago, die Bebopper mit ihrem neuartigen, hektischen, «melodiefeindlichen» Stil und ihren «großen Lama» Dizzy Gillespie bissig mit seinem Parodie-Stück *Whiffenpoof Song* an: *Sie sind arme kleine Katzen, die ihren Weg verloren haben.*

Eines Tages ging ihm ein berühmter Jazzkritiker, der ihm erklären wollte, wie man Trompete spielt, dermaßen auf die Nerven, daß er ihn beschimpfte: *I told that bastard, you telling me how to blow my goddam horn and you can't even blow your goddam nose.* (Ich sagte diesem Bastard, Sie wollen mir beibringen, wie ich auf meinem gottverdammten Horn zu spielen habe, und Sie können nicht einmal auf Ihrer gottverdammten Nase blasen.)[18]

Ein junger, todernster europäischer Musikstudent, der Material für neue Kunstformen suchte, befragte Armstrong: «Mr. Armstrong, was denken Sie über Volksmusik?» Armstrong daraufhin mit seinem breitesten Lächeln: *Volksmusik, nun, Väterchen, ich kenne keine andere Musik als Volksmusik. – Ich habe noch nie ein Pferd ein Lied singen hören.*[19]

Fletcher Henderson, der berühmte New Yorker Bandleader, berichtete über Louis' erstes Auftreten in seiner Band die folgende Geschichte. Zunächst verhielten sich die Musiker reserviert. Es gab Spannungen. Da Louis nie ein Konservatorium besucht hatte, waren ihm wahrscheinlich dynamische Zeichen unbekannt. Es wurde gerade ein Potpourri mit langsamen Walzern gespielt. Das Arrangement war neu. Die Stimmen waren reichlich mit dynamischen Zeichen versehen. Einmal gab es ein Diminuendo von forte fortissimo bis pianissimo. Die gesamte Band richtete sich nach den dynamischen Vorschriften, nur Armstrong spielte kräftig weiter. Er antwortete auf Fletcher Hendersons Einspruch, wo das Pianissimo bliebe: *Oh, ich dachte, das heißt, puste, bis du platzt! (pound plenty!).* Alle lachten, das Eis war gebrochen. Die Zusammenarbeit klappte.[20]

Clowning und Entertainment gehörten zu Armstrongs Charakter und Erfolg. Markenzeichen des Showman war auch das weiße Taschentuch. Der Verbrauch an Taschentüchern war enorm. Transpiration, Inspiration, Power und Elektrizität seiner Persönlichkeit gehören zusammen. Er

Pius XII.

vermochte es sogar, Papst Pius XII. zum Lachen zu bringen. Während einer Audienz 1949 mit dem Ehepaar Armstrong erkundigte sich Pius, ob Louis Armstrong Kinder habe. Daraufhin der Trompeter: *Nein, Eure Heiligkeit, aber wir versuchen es weiter.*[21] Nach Chilton informierte Armstrong den Papst sogar folgendermaßen: *Noch nicht, aber wir haben viel Spaß beim Versuchen.*

Für König Georg V. von England spielte Armstrong im «Palladium», nachdem er angekündigt hatte: *This one is for you, Rex!* (Dieses Stück ist für Sie, König!) den frechen Titel: *I'll be glad when you are dead, you rascal, you!* (Ich werde froh sein, wenn Du tot bist, Du Schuft, Du!) Sogar seinem eigenen Begräbnis gegenüber bewahrte Satchmo eine Heiterkeit der Weltauffassung, die aus dem New Orleans-Milieu herzurühren scheint: *Wenn ich sterbe, wird es die schönste Beerdigung geben, die man je gesehen hat... Ich wünschte nur, ich könnte zusehen.*[22]

Tränen der Freude und Rührung vergoß Armstrong mit 70 Jahren. Der Arzt erlaubte ihm nicht mehr, Trompete zu spielen, aber singen konnte er noch. Am Morgen des 29. Mai 1970 ging er in New York in ein Recording Studio und fand dort eine Versammlung von Freunden und Musikern vor, unter anderen Miles Davis, Ornette Coleman, Bobby Hackett. liver Nelson war mit dem Orchester und den Arrangements beschäftigt. Dann gab er Louis die Noten von «We Shall Overcome», der bekannten Hymne der amerikanischen Bürgerrechtsbewegung. Louis sagte:

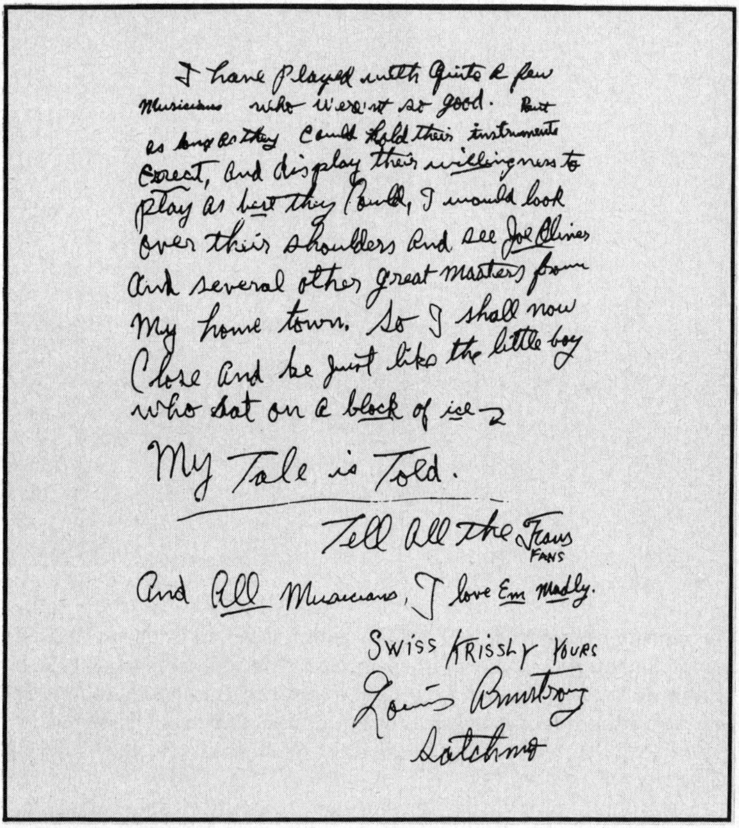

I have played with Quite a few Musicians who weren't so good. But as long as they Could Hold their instruments Correct, And display their willingness to play as best they Could, I would look over their shoulders and see Joe Oliver And several other great Masters from My home town. So I shall now Close And be just like the little boy who sat on a block of ice—

My Tale is Told.

Tell all the Trans FANS And All Musicians, I love Em madly.

Swiss Krissly Yours
Louis Armstrong
Satchmo

Nun möchte ich, daß alle Leute da draußen so singen, wie sie niemals zuvor gesungen haben. Dies ist ein wunderschönes Lied, und es ist unser Lied.[23]

Die Spitznamen «Dippermouth» (dipper = Kelle), «Gatemouth» (gate = Tor), «Satchelmouth» (satchel = Tasche oder Beutel) sind Anspielungen auf Armstrongs breites Lachen, die vorstehende Unterlippe und den breiten Unterkiefer. Als Musiker und als Mensch hatte er aber auch ein großmütiges Herz und einen großzügigen Geist.

Die Abkürzung «Satchmo» ist durch ein Mißverständnis entstanden. Der «Melody Maker»-Reporter und Herausgeber Percy Mathison Brooks hatte sich verhört und liebte dann die Bezeichnung «Satchmo» so sehr, daß er sie in seinen Berichten zu Armstrongs offiziellem Namen machte.[24] Weltweit wurde der Name «Satchmo» sogar übersetzt, wie zum

Beispiel in Jugoslawien mit «Satchmovic» oder in Westafrika mit «Okuka Lokole».[25]

This Black Cat Has Nine Lives sang Armstrong während der Recording Session mit seinen Freunden im Mai 1970, und das traf auf ihn zu.[26] Oft war der große Jazzstar monate- und jahrelang so beschäftigt, daß er nur vier Stunden Schlaf bekam. Die Reihenfolge seiner zahlreichen One-Nighter-Aktivitäten war: Gig (Job), Taxi zum Airport, Flug, Taxi zum Hotel, kurzer Schlaf, nächster Gig.[27] Nur seiner eisernen Gesundheit kann er es verdanken, daß er solche Anstrengungen durchgestanden hat.

Bereits seine Mutter Mayann, eine energische, aktive Frau, die sich immer allein durchbringen mußte, sorgte mit vielen verschiedenen Haus- und Kräutermitteln, die vielleicht noch von afrikanischer Naturheilkunst abstammten, für ihre Kinder. Bei Halsschmerzen half ein Gebräu aus abgekochten Kakerlaken, eine Art Lebertran wurde als Abführmittel verabreicht. Armstrong besaß ein kreolisches Buch mit Volksweisheiten und Hausmittelrezepten namens «Gumbo ya ya». (Noch heute kann man Gumbo, Fischsuppe, im French Quarter von New Orleans essen.) Glyzerin und Honig, Pulver und Salben wendete Armstrong täglich mit Erfolg an. Seine Trompete pflegte er wie einen Teil seines Körpers. Er spülte, trocknete und ölte sie regelmäßig.

Eine besondere Bedeutung in Satchmos Gesundheitsbewußtsein nahm das Abführmittel «Swiss Kriss» ein. Eine tägliche, regelmäßige innere Reinigung des Körpers hielt er für unabdingbar notwendig. Auch alle seine Freunde mußten, freiwillig oder unfreiwillig, «Swiss Kriss» versuchen. Ein Trompeter probierte das Abführmittel zunächst an seiner Frau aus. Auf die Frage, wie sie reagiert habe, antwortete der Trompeter, er habe sie zwei Tage lang nicht gesehen, und anschließend habe sie nicht mit ihm gesprochen.[29]

Louis Armstrong aß sehr gern und sehr viel, besonders das typische New Orleans-Gericht «Red beans and rice» (Rote Bohnen und Reis). Der «Hot Club Of Japan» veröffentlichte 1954 das Rezept mit den genauen Angaben und Anweisungen von der Hausfrau und idealen Partnerin Lucille Armstrong unter dem Titel «Louis' Favorite Dish». Eine hawaiianische Note bekam das Gericht, wenn es mit Ananas serviert wurde.[30] Louis' Briefe endeten häufig mit *red beans and ricely yours*.

Zeitlebens hatte Armstrong aber auch Probleme mit seinem Gewicht. Als er 1922 in Chicago ankam, war seine zweite Frau, die klassisch ausgebildete Pianistin und Komponistin Lil Hardin, reichlich enttäuscht über den sogenannten «Little Louis», der zwar von Statur klein war, aber 226 Pfund wog![31] Während des Krieges befolgte Armstrong einen strengen Diätplan, der von «Harper's Magazine» empfohlen war (neun Tage lang schwarzer Kaffee und Grapefruit Juice zum Frühstück). Jeden Morgen trank er ein Glas von dem Schlankheitsmittel «Pluto Water» und verlor so 100 Pfund. Er wog danach 63 Kilo. Auch «Pluto Water» empfahl er allen

Freunden, die über ihr Übergewicht klagten, und beendete Briefe mit: *I'm pluto waterly yours!*

Die besondere Sorgfalt Armstrongs galt der Pflege seiner Lippen. Er wurde der Trompeter mit den «eisernen Lippen» genannt. Eines der Hausmittel seiner Mutter war Nitrat. Er verdünnte es mit Wasser und benetzte damit seine Lippen. Eine Salbe aus Deutschland, von Karl Schuritz aus Mannheim, zusammengestellt von einem Posaunisten, benutzte er zeitlebens. Diese Salbe ist heute noch bei Musikern in New Orleans bekannt.[32] – Schon bei seinen frühen Jobs in den Honky Tonks von New Orleans waren seine Lippen manchmal so wund, daß er aus Verzweiflung zu singen anfing. In Baltimore 1932, nach fünf Vorstellungen, zwei Radiosendungen und mehrstündigen Proben, waren Louis' Lippen vollkommen wund und geschwollen. Schließlich sahen sie wie riesengroße blutrote Erdbeeren aus. Trotzdem spielte Louis sich abends im Konzert das Herz aus dem Leibe. Jede Berührung mit der Trompete mußte wie eine Berührung mit glühendem Eisen sein. Alle Musiker zitterten und weinten vor Angst. Der Posaunist Charlie «Big» Green brach mitten in seinem Chorus in Tränen aus und lief von der Bühne. Chick Webb trommelte für Louis und gab ihm alle nur mögliche Unterstützung. «Dann geschah es, Louis begann den qualvollen Aufstieg zum hohen f! Die Töne waren von Marter erstickt, jeder tropfte von Blut... Was aus seiner Trompete hervordrang, war weniger Musik als der wilde Schrei der Verlorenen und Verdammten... Das ganze Haus zitterte und bebte dann vor Beifall... Er leckte das Blut ab, und es gelang ihm zu lächeln.»[33] – Die Angst vor Verletzung seiner Lippen verließ ihn nie. 1957 in Buenos Aires waren seine argentinischen Fans so außer Rand und Band, daß die Feuerwehr mit Wasserwerfern einschreiten mußte. Trotzdem wurde er an den Lippen verletzt und trug dann vorsichtshalber eine Catcher-Maske.[34]

Der Musiker und sein Instrument

«Du kannst nichts auf einem Horn spielen, das Louis nicht gespielt hat.» [35] – «Armstrongs Begabung erstreckt sich auf beinahe alle wichtigen Etappen der Jazzgeschichte ... er ist fast identisch mit ihr geworden.» [36]

Louis Armstrong wird von zahlreichen amerikanischen Journalisten als «der größte Musiker der Welt» oder «der größte Trompeter der Welt», als Titan und Genie bezeichnet. Vielleicht war Armstrong einer der größten kreativen Geister der Musikgeschichte überhaupt. Er wird verglichen mit Bach und Beethoven. Die Musik Jazz wird mit Armstrong identifiziert. Er wird als «Vater des Jazz» verehrt. Die Symbolkraft des Namens Armstrong, so wird behauptet, sei mit der des Namens Picasso vergleichbar. [37]

Negative Kritik erscheint fast nie in den wenigen Büchern und zahlreichen Artikeln über Louis Armstrong. Um so heftiger und mißgünstiger muß die folgende Darstellung erscheinen. Schlagzeile im Jahre 1941: «Louis Armstrong hörte auf, Gott zu sein.» [38] Der Kritiker D. Leon Wolff mißt Armstrong an der Virtuosität der Bebopper oder Bopper, die den modernen Jazz durch reichhaltigere Harmonien und kompliziertere Rhythmen einleiten, und kommt zu dem Ergebnis: Louis Armstrong ist altmodisch und weder technisch noch kreativ auf dem letzten Stand. Sogar beim *Westend Blues* (1928), besonders bei der Introduktion, kämpfe er gegen sein Instrument. Bop-Trompeter Dizzy Gillespie sieht den Unterschied zwischen sich und Armstrong so: «Wir Bebopper beschäftigen uns mit differenzierten Rhythmen und anderen Dingen, an die kein Mensch denkt, wenn Louis bläst. Zu seiner Zeit blies man ganz einfach das heraus, was man auf dem Herzen hatte.» [39] Für Louis waren das Melodiespiel und das ausdrucksvolle Spiel immer vorrangig. Außerdem spielte er immer für sein Publikum und wollte die Menschen durch seine Musik glücklich machen.

Louis Armstrong war ein hervorragender Trompeter, ein ausdrucksvoller, faszinierender Sänger, ein beeindruckender, kommunikationsreicher Showman, Schauspieler und Entertainer. – Er hat die Solo-Technik im Gegensatz zur Kollektiv-Technik des New Orleans-Stils, der ein Gruppenstil war, entwickelt. Alle Musiker spielten gemeinsam, niemand stand im Vordergrund. Der Solist integrierte sich, wie in der afrikanischen Musik, weitgehend in den musikalischen und menschlichen Kontext. Durch

Louis Armstrong wurden Technik, Virtuosität und Expressivität des Solisten als hervorragendem Musiker entwickelt. Kollektive Kompositionen und Improvisationen wurden allmählich zu individuellen Produktionen. – Der New Orleans-Stil beruhte auf dem sogenannten two beat mit Betonung auf dem zweiten und dem vierten beat. Trompete, Klarinette und Posaune waren die typischen Melodieinstrumente des New Orleans-Stils, die mit rauher Tonbildung gespielt wurden.

Louis Armstrong hat zur Verfeinerung der rhythmischen Konzeption im Jazz entschieden beigetragen. In den Minstrel-Nummern (Minstrel, erste eigenständige Theaterform Amerikas) und im Cake Walk, einem bei Schwarzen und Weißen beliebten Tanz, erfolgte oft nur ein Schlag auf einen Takt. Im Ragtime, einer synkopierten Klavierkomposition, wechselten schwere und leichte Schläge. Armstrong führte einen durchgehenden four beat ein, löste die Starrheit der Ragtime-Synkopen durch off beats, das heißt Zwischenschläge, und brachte swing feeling, Spannung zwischen beat und off beat ein. «Swinging» geschieht individuell *durch das Gehör und reinen musikalischen Instinkt... you will catch new notes and broken up rhythms* (du wirst neue Töne und unterbrochene Rhythmen entdecken).[40]

Auch auf dem Gebiet der Melodik hat Armstrong für Neuerungen gesorgt. Seine überzeugenden melodischen Linien waren nicht nur Varianten und Paraphrasen des Themas, sondern im Sinne des Jazzforschers André Hodeir melodische Neuerfindungen, Gegenmelodien.[41] Die melodische Gestaltung war für Armstrong immer von hervorragender Bedeutung. «De la mélodie avant toute chose» (Vor allem Melodie) könnte man in Abwandlung des berühmten Gedichts und literarischen Glaubensbekenntnisses von Paul Verlaine sagen. Oft waren Armstrongs Melodien von absoluter Einfachheit, aber oft auch von unnachahmlicher Subtilität. Technisches, virtuoses Spiel über «Changes»[42] (Akkordwechsel) lehnte er ab. «Für Louis ist alles einfach genug. Er folgt Olivers [sein Lehrer in New Orleans und Chicago] Ausspruch: ‹Wenn ein Jazzmusiker [cat] ein Thema zum Swingen bringen und eine Melodie spielen kann, das allein zählt.› ... Er erzählte einst dem Jazzkritiker Leonard Feather: *Ein eingängiges Thema ist besser als irgendein Jazzsolo.*»[43]

Wichtig ist das Feeling (Einfühlungsvermögen, Sensibilität, Intensität), aus dem eine den Zuhörer ansprechende Melodie entsteht. Der Pianist Joe Bushkin fragte Satchmo einmal: ««Sag mir, Pops, wenn du improvisierst, woran denkst du dann?› – Louis antwortete: *Joe, schließe nur deine Augen und denke an die guten Zeiten, die du hattest, als du ein Kind warst. Dann wirst du herausfinden, daß Musik aus dir kommt.*»[44]

Die Formen und Strukturen, die Louis Armstrong in seiner Musik aufgebaut hat, sind immer genau kalkuliert, erfolgen in logischer Entwicklung und sind doch fließend und organisch. Sie sind eingebunden zwischen Spontaneität und Freiheit einerseits, Vorausschau und Deter-

mination andererseits. Spannung und Dramatik des musikalischen Geschehens werden besonders durch Armstrongs berühmte hohe Töne erzeugt.[45]

Ich und meine Trompete, wir kennen uns. Wir wissen, was wir tun können. Wenn ich spiele, ist es so, als ob ich und meine Trompete eins wären.[46] Seine Trompete war seine Geliebte, ein Teil seiner selbst. Am liebsten hätte er sie *24 Stunden in seinem Maul* gehabt. «Sein Instrument ist nicht außerhalb seiner selbst, wie das bei den anderen Trompetern der Fall ist: sie gehört zu seinem Körper. Man möchte sagen: seine Stimme. Er vermittelt weniger den Eindruck, Trompete zu spielen, als durch seine Trompete zu singen. Sein Vibrato scheint nicht instrumental zu sein: es ist die Vibration seines ganzen Wesens.»[47]

Bei King Oliver spielte Armstrong auch häufig ein sogenanntes Slide Cornet (Sopran-Zugposaune). Später, bei Erskine Tate im «Vendome Theater», wechselte er vom Kornett (ursprünglich Posthorn mit Ventilen, weicher und runder in der Klanggebung) zur Trompete (1925). Sein Manager Joe Glaser, sein zweites Ich und vertrauter Bruder, schenkte ihm

Dizzy Gillespie

eine vergoldete Trompete (gold plated), ebenfalls das Management des «Palladium», London, eine wunderschöne goldene «Selmer» (Markenbezeichnung) mit seiner Namensgravur.

High Seas And High C-s (Hohe See und hohe C'-s) heißt ein Kapitel aus Louis Armstrongs Buch *Swing That Music*.[48] Viele Musiker fragten ihn, ob er die hohen Töne auf den Schallplatten mit einer Klarinette statt mit einer Trompete blasen würde. Angeblich konnte Armstrong sogar 300 hohe C's hintereinander spielen.[49] Armstrong war aber nie ein virtuoser Techniker, sondern er lehnte ultraschnelle, sportliche «Musikakrobaten» ab. Supervirtuose Trompeter wie zum Beispiel Maynard Ferguson spielen fast ununterbrochen schnell, hoch und laut und wirken dadurch aggressiv und schrill. Für Armstrong durfte Höhe und Schnelligkeit nie auf Kosten von Tiefe, großem Umfang sowie Qualität, Kraft und Farbigkeit des Tons erreicht werden. Effekthascherei lag ihm fern. Er besaß nach Panassié alle Qualitäten eines genialen Trompeters: Klangschönheit in der Höhe und in der Tiefe, große Beweglichkeit bei äußerster Tongenauigkeit, messerscharfe Attacke, aber auch ein intensives Vibrato, hervorragendes Legato- und Staccatospiel.[50] Armstrong besaß also sowohl hervorragende expressive als auch einmalige technisch-musikalische Fähigkeiten.

Die Frage nach dem Mundstück, das Armstrong benutzte, ist oft gestellt worden. Louis verwendete auch die Produkte der Firma Selmer. Sein Lieblingsmundstück trug er immer bei sich und reinigte es wie seine Trompete regelmäßig. *Dieses Horn ist mein Boss, weil es mein Leben ist.*[51]

«Er singt, wie er spielt, er spielt, wie er singt.»[52] Satchmos Markenzeichen war immer seine äußerst rauhe, gutturale, aber intensive und expressive Stimme; nichts von «bel canto», um so mehr Soul und Feeling. Seine Stimmbänder waren in den dreißiger Jahren so überstrapaziert, daß er sich zwei Stimmbandoperationen unterziehen mußte (1936 in New York und 1937 in Chicago). Niemals hätte ein sogenannter klassischer Sänger mit einer solchen Stimme Karriere machen können. Satchmo benutzte seine Stimme wie ein Instrument und das Medium Sprache spielerisch und variativ. Er verwandelte Worte und Silben kreativ, aleatorisch, spontan. Armstrong ist nach Panassié der Erfinder des sogenannten Scatgesangs: Zu dem Stück *Heebie Jeebies* gab es keinen Text. Armstrong schrieb schnell eine erste Strophe und erfand dann spontan sinnfreie Silben. Der Scatgesang war geboren, und Armstrong wendete ihn zum erstenmal 1926 im Studio an.

Der Einfluß und die Auswirkungen von Armstrongs Musik sind weltweit und in vielen stilistischen Richtungen spürbar: im Jazz und Rock, aber auch in Teilen symphonischer Musik. Er legte die rhythmische Basis für den modernen Jazz mit Charlie Parker und Dizzy Gillespie. Nach den frühen New Orleans-Trompetern Buddy Bolden und King Oliver gehört er zu den ersten stilbildenden Musikern des Jazz. Buddy Bolden ist als der erste und lautstärkste Trompeter des Jazz anzusehen. Seine Band spielte bei Picknicks, Tanzveranstaltungen und Umzügen Ragtime-Musik. King Oliver war zu Beginn der zwanziger Jahre der König des Kornett-Spiels. Bewundernswert war vor allen Dingen die Führungsrolle seiner Trompete im Kollektiv-Spiel.

Eine direkte musikalische Entwicklung der Trompete führt von Louis Armstrong über Roy Eldridge zu Dizzy Gillespie, Miles Davis und Clifford Brown. Roy Eldridge gehört zu den bekanntesten Trompetern des Swing-Stils der dreißiger Jahre. Seine langen Phrasen sind von melodischer Beweglichkeit und Intensität der Tongebung geprägt. Gillespie ist einer der stilbildenden Musiker des Bebop. Sein Spiel zeichnet sich besonders aus durch Treffsicherheit in der Höhe, einen klaren Ton und virtuose, lineare Melodik. Miles Davis ist der bekannteste Musiker des Cool Jazz. Er verfügt über einen weichen, glatten, lyrischen Ton und verwendet oft den Trompeten-Dämpfer zur Erzeugung eines ruhigen, distanzierten Spiels. Clifford Brown verfügt über hervorragendes technisches Können sowie große Intensität und spielt in der Stilrichtung Gillespies.

Louis Armstrongs Trompetenstil fand auch eine unmittelbare Nachahmung durch Oran «Hot Lips» Page, Bunny Berigan, Buck Clayton, Henry «Red» Allen. Armstrong beeinflußte und inspirierte: die Sänger Ethel Waters, Billie Holiday, Ella Fitzgerald, Fats Waller, Bing Crosby; die Posaunisten Jack Teagarden und Trummy Young; die Saxophonisten Coleman Hawkins und Lee Konitz; den Pianisten Earl Hines und viele mehr.[53]

Earl Hines spielte ursprünglich Trompete. Unter Armstrongs Einfluß wechselte er zum Klavier über. Er spielte die ersten Klaviersoli mit Rhythm Section. Er übertrug Armstrongs Trompetenstil auf das Klavier und spielte mit der rechten Hand melodische Linien; mit der linken Hand erzeugte er eine harmonisch-rhythmische Basis. Das Vibrato der Trompete imitierte er auf dem Klavier durch Oktav-Tremoli. So entstand der berühmte «trumpet style» des Piano-Spiels.[54]

«The Boy From New Orleans, Up The River»

Das erste Kapitel des Buches *Swing That Music* von Louis Armstrong heißt: *Jazz and I get born together.* (Der Jazz und ich wurden zusammen geboren.) Blues und Jazz werden immer wieder mit der Geburtsstadt New Orleans verbunden. Ist dies eine der vielen Jazz-Legenden? New Orleans und das umliegende Gebiet des Mississippi-Deltas kann man als Entstehungsbereich des Jazz anerkennen. In den Südstaaten der USA, besonders im Mississippi-Delta, gab es zahlreiche Baumwollplantagen. Dort arbeiteten die schwarzen Sklaven unter unmenschlichen Bedingungen. Nach der Abschaffung der Sklaverei 1865 lebten sie immer noch wie Leibeigene, da sie größtenteils kein eigenes Land besaßen und immer wieder hoch verschuldet waren. Sie wanderten von Plantage zu Plantage, entweder um Arbeit zu finden oder um der Verschuldung zu entfliehen.

Während der Arbeit sangen die Afroamerikaner Worksongs, die den Bewegungsablauf unterstützten und erleichterten. Dies ist eine alte afrikanische Tradition. Im gesamten Mississippi-Delta findet man diese Vorläufer des Blues. Sie wurden durch Wanderarbeiter und fahrende Musiker verbreitet.

Auch die zahlreichen Blues-Sänger der Südstaaten waren fast immer unterwegs. Die Themen ihrer auflehnenden Anklage waren Elend und Liebesleid, Krankheit und Tod, Verfolgung und Gefängnis, Unterdrückung und Flucht.

Das Blues-Feeling ist schwarz und proletarisch, ein Gefühl von Not und Verlassenheit der niedrigsten Klasse der Afroamerikaner. Die Melodik ist einfach, volksliedhaft und beruht auf der Blues-Tonleiter mit ihrer unbestimmten dritten und siebten Stufe, den sogenannten «blue notes»:

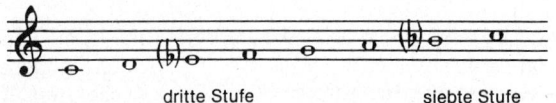

dritte Stufe   siebte Stufe

Es handelt sich um einen Tonhöhenbereich zwischen es und e bzw. um einen Tonhöhenbereich zwischen b und h.

Die Harmonik entspricht in etwa der klassischen europäischen Kadenz. Entscheidendes Merkmal der Blues-Harmonik ist die IV. Stufe im fünften Takt des Blues:

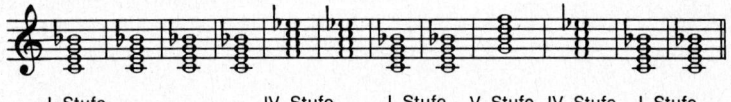

I. Stufe   IV. Stufe   I. Stufe   V. Stufe IV. Stufe   I. Stufe

Der Dreiklang wird durch die Septime als Farbton ergänzt. Die Form des Blues, der sogenannte «Bluesstimmenablauf», ist afrikanischen Ursprungs und besteht aus vier Takten Anrufung und Wiederholung und vier Takten Beantwortung.

Die Seele und Quelle des Jazz ist für alle Jazzmusiker immer der Blues gewesen, der zunächst nur eine freie Vokalform war und dann als Instrumentalform neben dem Ragtime zur Entstehung des Jazz wesentlich beigetragen hat. In der Tat entstand der Jazz nicht nur in New Orleans, sondern in zahlreichen Städten der Südstaaten und hatte ebenfalls zahlreiche Bezeichnungen und Schreibweisen. Das Wort Jazz soll zum Beispiel aus der Kreolensprache von dem französischen Verb «chasser» (jagen) kommen. Andere Etymologien verweisen auf die Herkunft des Wortes Jazz aus der westafrikanischen Sprache der Ewe: «dze dzo» (in Feuer, in Ekstase geraten). Immer spielen die Bedeutungen: Energie, Erregung, Sexualität, Vitalität eine Rolle im Zusammenhang mit Jazzmusik.

Ich versuche einmal drei Definitionen des Jazz zu geben. Jazz ist eine akkulturierte Musik mit afrikanischen und europäischen Anteilen. Jazz ist eine vitale, kreative und partnerschaftliche Gruppenmusik. Die wesentlichen musikalischen Elemente des Jazz sind: swing, Improvisation und expressive, intensive Tongebung.

Die neue Bezeichnung Jazz wurde zum erstenmal 1915 in Chicago und nicht in New Orleans von tüchtigen Managern zu Reklamezwecken für weiße Jazzbands benutzt. Die New Orleans-Bands verwendeten Bezeichnungen wie Ragtime, Creole und andere.

Die Stadt New Orleans wurde 1722 unter dem Namen Nouvelle Orléans (nach dem Herzog von Orléans) als Hauptstadt der nach Ludwig XIV. benannten Kolonie Louisiana von den Franzosen gegründet und 1769 von den Franzosen an die Spanier abgetreten. 1803 verkaufte Napoleon I. Louisiana samt New Orleans für 15 Millionen Dollar an die Amerikaner.[55]

Die Stadt war auf einem großen Sumpf im Mississippi-Delta gebaut worden, darum gab es noch lange nach der Entwicklung moderner Technik keine Hochhäuser. Bis 1892 existierte keine Kanalisation. Die Straßen bestanden aus Lehm und Schlamm. Die Bevölkerung war rassisch äußerst gemischt und wies Hautfarbenunterschiede vom tiefsten Schwarz bis zum hellsten Weiß auf. Es gab eine Art «Hautfarben-Rangordnung»

"Satchmo"   Scanning   ①

"The History of Jazz"

The word 'Jazz': As far as I can see or I can remember, was when I was a little boy, five years old. The year of 1905. In those days it was Called Rag Time Music. And when ever there was a dance or a Lawn Party the Band (consisted) of Six Men, would stand in front of the place on the Side Walk and play a half hour of Good rag time Music. And us kids Would stand or dance on the other Side of the street until they went in side. That was the only way that we young Kids Could get the Chance to hear those Great Musicians such as Buddy Bolden – Joe Olivers CORNET MY IDOL over,

An original document by Louis Armstrong in his own hand

«The word ‹Jazz››», aus einem Brief von Louis Armstrong,
veröffentlicht in der Zeitschrift «Esquire», Dezember 1971

mit Arroganz- und Verachtungsstrukturen, auf deren oberster Skala der Weiße stand. Mulatten waren Halbneger, «quadroons» Viertelneger, «griffes» Dreiviertelneger.[56] Die «schwarzen Kreolen» entstammten meist Verbindungen zwischen französischen Männern und schwarzen Frauen.

New Orleans war sicher um die Jahrhundertwende die musikalischste Stadt der USA. Die ethnische Vielfalt der Bevölkerungsgruppen, die Differenziertheit der soziologischen Strukturen entsprach der Vielfalt der musikalischen Ereignisse, Orte und Stilrichtungen. Es gab Musik für alle Gelegenheiten: Hochzeiten, Beerdigungen, Picknicks und Parties...[57] Musik und Tanz waren überall in der Stadt lebendig, nach echt afrikanischer Tradition. Es wurde gespielt in «Honky Tonks» und auf «Band Wagons» (wagon = Lastwagen), in Bordellen und auf der Straße, in der Kirche, in der Oper, in Tanzhallen, wie zum Beispiel der «Funky Butt Hall» (schwitzige Bums-Halle).[58]

Worksongs und Blues, Blasmusik und Märsche, europäische Tanzmusik, Minstrel und Ragtime entstanden in reicher Fülle aus dem musikalischen Nährboden von New Orleans. Die «Black Creoles» wie John Robichaux, Armand Piron, Oscar «Papa» Celestin gaben Konzerte und spielten ausgeschriebene Kompositionen vom Blatt. Die Streetbands wurden von Schwarzen und «Black Creoles» formiert. Bei Beerdigungen wurden Hymnen und Märsche gespielt – die Pferde angeblich mit Pfeffer

Perdido und Liberty Strassen, New Orleans

Brass Band in New Orleans um die Jahrhundertwende

zum Weinen gebracht. Die Hymnen, wie zum Beispiel «Flee as a bird» oder «Nearer my God to thee», waren ernst und getragen. Nach der Grablegung wurde die Musik heiter, hot und «swinging». «Oh didn't he ramble» war ein viel gespieltes Stück nach der Beerdigung. In den Honky Tonks und bei den Picknicks erklang Blues. Die Dance Bands der Halls spielten Stücke wie «Tiger Rag», «Panama» oder «High Society».[59]

In dieser sozio-kulturell äußerst vielfältigen Stadt New Orleans wurde Louis (nicht Daniel) Armstrong vermutlich am 4. Juli 1900, wahrscheinlich aber bereits 1898 geboren. Bis zu seinem achtzehnten Lebensjahr gibt es keinerlei Dokumente über sein Leben, auch keine Geburtsurkunde. Als junger Mann änderte Armstrong sein Geburtsdatum, um nicht zum Kriegsdienst gegen den deutschen Kaiser eingezogen zu werden.[60] (Auch

Jane Alley 719, Louis Armstrongs Geburtsstätte

heute noch wissen Afrikaner oft ihr Geburtsdatum nicht.) Seine Geburtsstätte ist 719 Jane Alley (nicht James Alley), zwischen Gravier Street und
Perdido Street in New Orleans, drei Blocks von «Black Storyville» ent-
fernt. «Nur ein kleiner Hügel mit Ziegelsteinen und verbranntem Gerüm-
pel verblieb in der letzten Woche an der Stelle 719 Jane Alley, ungeachtet
verschiedener Versprechen vor einigen Wochen, daß die Geburtsstätte
des berühmten Musikers für die Nachwelt erhalten werden solle», berichtete eine Louisiana-Wochenzeitung 1964.[61]

Die Gegend, in der Armstrong aufwuchs, gehörte zum finstersten Slum
und wurde «Battlefield» genannt. *Was waren die Kinder in dieser Nachbarschaft schlecht, mein Gott! Sie standen fast während der ganzen Nacht
in den Straßen herum, spielten mit Würfeln und schlugen sich.*[62]

Louis Armstrong wurde von seiner Großmutter väterlicherseits, José-
phine, erzogen, die vermutlich noch als Sklavin geboren worden war und

sich ihren Lebensunterhalt als Wäscherin verdiente. Armstrong bezeichnete sich selbst als reinen schwarzen Abkömmling von der ghanaischen Goldküste.[63] Seine Vorfahren sollen aus Dixcove in der Nähe von Accra kommen, unweit Takoradi im Lande der Ahanta.[64]

Sein Vater verließ seine Mutter Mayann, die aus einer kleinen Stadt etwa 50 Meilen von New Orleans stammte und möglicherweise Prostituierte war, sowie ihr «fire cracker baby» (Temperamentsbündel) schon bald nach der Geburt. Später kehrte er noch einmal kurzfristig zu ihr zurück und zeugte Louis' Schwester Béatrice, genannt Mama Lucy. Armstrong war damals etwa drei Jahre alt. Willie Armstrong, Louis' Vater (?), ging dann eine zweite Ehe mit Gertrude ein und hatte mit ihr die drei Kinder Willie, Henry und Gertrude. Louis Armstrong berichtet über seinen verantwortungslosen Vater, der in einer Terpentinfabrik in New Orleans arbeitete: *Ich sah meinen Vater nie etwas aufschreiben. Tatsächlich sah ich ihn nie etwas tun. Er verließ meine Mutter, als Mama Lucy und ich wirklich Babies waren.*[65]

Der Vater Willie hat sich fast gar nicht um seine Kinder aus erster Ehe gekümmert. Louis Armstrong empfand darum keinerlei Zuneigung zu ihm, ging auch nicht zu seiner Beerdigung. Mit seiner liebevollen, großmütigen Mutter dagegen verband ihn ein inniges Zutrauen, zumal sie immer sehr besorgt um ihre Kinder war. Als Louis Armstrong bei «King» Oliver in Chicago spielte und der junge Mann bereits Anfang Zwanzig war, fuhr Mayann mit Proviant nach Chicago, weil ihr irgendein New Or-

Dixcove, Ghana, Geburtsstätte der Vorfahren Armstrongs

Louis Armstrong mit seiner Mutter Mayann und seiner Schwester Béatrice

leans-Musiker erzählt hatte, ihr Sohn verhungere. – Er soll bei ihrem Tod bitterlich geweint haben.

Als Louis etwa sieben Jahre alt war, zog Mayann mit ihm von 719 Jane Alley nach 1233 Perdido Street in «Black Storyville».[66] Die einfachen Bretterbuden in den Hinterhöfen der Jane Alley hatten nur Ein-Zimmer-Wohnungen mit einem einzigen Bett und einem gemeinsamen Abort ohne Wasserspülung, der einmal in der Woche geleert wurde. Es gab einige «Erziehungstanten» für das ganze Viertel, wie zum Beispiel Tante Maggie, Tante Laura. Louis ging einige Jahre zur «Fisk School».

Erste musikalische Eindrücke holte sich Little Louis in der «Funky Butt Hall», wo Buddy Bolden spielte, und in der Nähe der Honky Tonks.[67]

Hatte Louis Armstrong auch keinen richtigen Vater, so gab es doch eine ganze Reihe von sogenannten «step fathers» (Stiefväter) unterschiedlichen Charakters: Stiefvater Tom brachte Hühnchen und Schnitzelreste, Eier und alles mit, was in der Hotelküche, in der er arbeitete, übrigblieb; Stiefvater Albert schlug der Mutter einmal heftig ins Gesicht und warf sie dann in den Kanal; Stiefvater Miles war immer sehr gütig und hilfsbereit.

New Orleans umfaßte damals als Stadtteile ein weißes und ein schwarzes Storyville. Louis Armstrong beschreibt *Storyville where the Blues was born* in einem Zeitungsartikel. Gute Musik wurde in «Black Storyville» gespielt, bis der Name «Red Light District» den Prostituiertenbezirk abwertete. Die berühmtesten Prostituierten wohnten und arbeiteten in «Black Storyville». Sie waren in sogenannten «Cribs» untergebracht. «Cribs» waren kleine Ein-Raum-Verschläge, in denen sich nur ein Bett, ein Waschstand, ein Garderobenhaken und vielleicht zwei Stühle befanden. Doch hatten die Cribs eine Feuerstelle. Dort wurde Steinkohle oder Hartkohle verbrannt. Und so kam der kleine Louis in den Bereich, wo die Prostitution, aber auch der Blues lebte, denn er verkaufte dort mit dem Hausierer Karnoffsky Kohlen. (1925 spielte Louis Armstrong in Erinnerung an diese schwere Zeit den *Coal Cart Blues*, den er 1940 auch mit Sidney Bechet aufnahm.) Ein Maultier mit dem Namen «Lady» zog den Wagen. Direkt neben «Pete Lalas Cabaret», wo sein Idol, Joe Oliver, Trompete spielte, konnte Little Louis eines Tages Kohlen abliefern. Er hörte wie verhext zu. Als die «Dame» den kleinen Jungen in ihrem Crib wie angewurzelt stehen sah, wies sie ihn heftig zur Tür hinaus, sie müsse arbeiten! – Und Arbeit gab es reichlich mit den Matrosen aus aller Welt. Es war so viel zu tun, daß manchmal zwei Prostituierte ein Crib mieteten und «24 hours opening» Tag- und Nachtbetrieb anboten.

Jedenfalls hatte Louis sein Idol Joe Oliver gehört. Musikalische Hilfe und Lebenshilfe erhielt der kleine «Dippermouth» bei Joe «King» Oliver, der sein wirklicher Lehrer wurde, der ihm Kornett-Stunden gab, ihn in sein Haus aufnahm. Ein weiteres Vorbild war für ihn der Trompeter Bunk Johnson. 1950 in Chicago, kurz nach dem Tod von Bunk Johnson, erklärte Armstrong: *Mein Idol, niemand als Bunk Johnson... ich kannte nie jemanden, der den Ton oder die Phrasierung wie Bunk erreichte! Was für ein Jazzer!*[68] Bunk Johnson selbst berichtete über den jungen Armstrong, als er bei «Dago Tony», Ecke Perdido Street und Franklin Street, arbeitete: «Er nahm jede Gelegenheit wahr, mit meinem Kornett herumzufummeln, bis er einen Ton herausbringen konnte. Dann zeigte ich ihm, wie er es halten und an den Mund setzen mußte, und es dauerte nicht lange, da brachte er einen guten Ton aus meinem Horn. Danach zeigte ich ihm, wie man es mit dem Blues machte.»[69] Demnach hat Armstrong von Bunk Johnson Tongebung und Blues spielen gelernt.

Viele Abende seiner Knabenzeit verbrachte Louis Armstrong an den Docks von New Orleans zwischen den dicken Bananenbooten. Einige Jungen taten sich zusammen, um zu singen oder zu schwimmen. Ungefähr mit dreizehn Jahren gründete Louis mit den besten kleinen Sängern ein Gesangsquartett: «Little» Mack, «Big Nose» Sidney und «Red Head» Happy Bolton gehörten dazu. Das Quartett nannte sich «Happy Shots» (Glückliche Schüsse).[70] Louis «Dippermouth» leitete die Gruppe und sang die Baßstimme. *Kein Quatsch! Wir kamen mit den neuen Jazz-Songs groß heraus!*[71] Das Vokalquartett sang an den Docks, an Straßenecken, in großen Hotels, in Nachtclubs, in Honky Tonks. Diese ersten musikalischen Gehversuche trainierten besonders das Gehör der jungen Sänger. Die Spitznamen «Dipper-», «Satchel-», «Gatemouth» bekam Louis Armstrong hier von seinen jungen Gesangskollegen.

Louis Armstrong hatte eine harte, von Elend und Existenznot gezeichnete Jugend. Er hatte nie genug zu essen und oft nicht einmal Schuhe an den Füßen. Daran erinnert das Stück: *I got no shoes on my feet, I got nothing to eat, but I got a heart full of rhythm*, das er später mit der Band von Luis Russell aufnehmen sollte. Er arbeitete von 7 bis 17 Uhr im Kohlenhandel, spielte für einen Dollar oder wenig mehr in Honky Tonks, zum Beispiel bei Henry Ponce, besaß zunächst nicht einmal eine eigene Trompete. Er bat darum, ihn das eine oder andere Stück spielen zu lassen, zum Beispiel Blues in Bb. Er nahm jede Arbeit an und verdingte sich unter anderem als Zeitungsjunge, Lumpensammler, Tellerwäscher, Milchverkäufer, Bierverkäufer, Bananenauslader... bis ihm eines Tages eine Ratte aus einem Bananenbüschel ins Gesicht sprang, er seine Arbeit sofort aufgab und nie mehr in seinem Leben Bananen aß.[72]

Hilfsbereit und brüderlich waren die New Orleans-Musiker damals. Wahrscheinlich war das afrikanische Gruppengefühl noch lebendig: «Ich bin, weil wir sind», ist ein weitverbreitetes Sprichwort der Afrikaner. Die folgende Beschreibung des Jazzklarinettisten Mezz Mezzrow bestätigt dieses Gruppengefühl: «Der New Orleans-Stil ist in erster Linie nichts anderes als Brüderlichkeit und gegenseitige Hilfe in der Musik. Einige dich selbst, und dann kannst du mit den anderen zusammenarbeiten. Und wenn du keine anderen zur gemeinsamen Arbeit findest, kannst du es sogar ganz allein tun – wie der große Louis Armstrong, der am Ende seiner Phrasen Läufe hinzufügt, um die im Hintergrund fehlende Harmonie zu ersetzen, wie der große Sidney Bechet, der aus seiner erhabenen, harmonischen Seele ein ganzes Orchester schöpft.»[73]

1913, in der Neujahrsnacht, gab Louis Armstrong während der allgemeinen Knallerei einen Revolverschuß ab, wurde festgenommen und in das «Waif's Home» gebracht. Das «Waif's Home» war eine Art Erziehungsanstalt oder Jugendgefängnis. Doch dort lernte er viel: schreiben,

Louis Armstrong im «Waif's Home»

lesen, rechnen, Gartenarbeit, alles über Blumen... Es gab auch militärischen Drill mit Holzgewehren und Holztrommeln. Der kleine Louis war zunächst todunglücklich, freute sich aber bald über geregeltes Essen und Trinken, über Schuhe an den Füßen, über die Ordnung im Tagesablauf und vor allem über eine Trompete, die ihm sein Lehrer Peter Davis gab. Louis berichtet: *Glückliches Neues Jahr!... Als ich meines Vaters alte 38er abfeuerte... dieser Schuß, glaube ich, startete meine Karriere. Er veränderte mein Leben und brachte mir meine große Chance!*[74]

Peter Davis unterrichtete Musik im «Waif's Home». Er erzählte in einem Interview: «Louis hatte sicherlich eine starke Stimme. Er blickte vom ersten Augenblick an neiderfüllt zu dem Hornspieler, als er ihn das Wecksignal spielen hörte – wahrscheinlich war die erste Sehnsucht seines Lebens, dieses Horn zu blasen.»[75]

Peter Davis ließ Louis zunächst Tambourin und Schlagzeug spielen, dann Althorn. Aber eines Tages kam er mit einer Trompete zu Louis und sagte: «Louis, ich gebe dir etwas, mit dem du bitte sorgfältig umgehen solltest – sei gut zu ihr, und sie wird gut zu dir sein!»[76] In kürzester Zeit

33

Peter Davis, Satchmos Lehrer

konnte Louis sein erstes Stück spielen: *Home, Sweet Home,* bald wurde er der Leiter der gesamten «Waif's Home»-Band. Die Jungen spielten bei Straßenparaden und Gartenfesten und konnten sich so ein kleines Entgelt verdienen, mußten aber oft stundenlang in der heißen Sonne laufen und bliesen sich die Lippen wund.

Nach geraumer Zeit wurde Louis aus dem «Waif's Home» entlassen. Es gibt drei Versionen für Armstrongs Freigabe: Seine Mutter bewegte ihren weißen Dienstherrn, für ihren Sohn einzutreten. Beide Eltern sprachen selbst mit dem Richter. Louis' Vater Willie versprach, ihn in seine Familie aufzunehmen. Dort blieb Louis dann auch kurzfristig und arbeitete im

Haushalt seines Vaters für dessen Familie. 1915 kam er zu seiner Mutter zurück und arbeitete tagsüber als Gelegenheitsarbeiter in einer Molkerei, verkaufte Zeitungen und trug wieder Kohlen aus. Nachts spielte er als Musiker in Honky Tonks.

1916 gründete Armstrong seine erste eigene Band mit Klarinette, Posaune, Baß, Gitarre und Schlagzeug, in typischer New Orleans-Besetzung. Die Band löste sich allerdings nach kurzer Zeit wieder auf. Bald darauf wurde Armstrong in «Henry Matrangas Tonk» engagiert. Er spielte in dieser Zeit zum erstenmal mit dem New Orleans-Klarinettisten Sidney Bechet. 1917 wurde das Vergnügungsviertel Storyville geschlossen. Die Musiker wurden mit einem Schlag arbeitslos. 1918 ging Joe «King» Oliver nach Chicago. Armstrong nahm Olivers Platz in der Band «Brown Skinned Babies» des Posaunisten Kid Ory ein.

Louis Armstrong lebte damals mit seiner ersten Frau Daisy zusammen. Daisy war eine äußerst eifersüchtige und aggressive Prostituierte. Sie warf sogar mit Messern und Ziegelsteinen nach ihrem Mann. Einige Klatschbasen aus der Nachbarschaft erhoben seinerzeit auch Einspruch gegen die «alte Hure». Als sie eines Tages Louis' teuren Stetson-Hut zerschnitt, für den er monatelang gespielt hatte (ein Stetson-Hut, wie er im *St. James Infirmary Blues* erwähnt wird), war er mit seiner liebevollen Geduld am Ende. Er verließ Daisy nach vierjähriger Ehe 1922, weil er ständig um seine kostbaren Lippen fürchten mußte. Zur Großfamilie Armstrong gehörte auch Flora, Louis Armstrongs vierzehnjährige Cousine, Tochter von Onkel Isaac Miles. Sie wurde von einem alten weißen Mann verführt[77], gebar Clarence und starb kurz nach der Geburt. Clarence fiel als kleiner Junge von der regennassen Veranda im zweiten Stock mit dem Kopf auf die Straße und erlitt einen Gehirnschaden. Er blieb zeitlebens geistig behindert. Louis Armstrong sorgte immer für ihn, adoptierte ihn, als er mit Daisy zusammen lebte, verschaffte ihm später in Chicago eine Rente, von der Clarence finanziell sorglos existieren konnte. – Clarence lebt möglicherweise heute noch in der East Bronx, New York City.

Von großer Bedeutung für Aufführungen von Jazzmusik waren die Schiffe des Mississippi. Sie trugen die Musik von New Orleans weit ins Land hinaus, «up the river». Es handelte sich um Vergnügungsdampfer mit riesigen Schaufelrädern. Bei Mondscheinfahrten wurde für die vornehmen weißen Gäste des Oberdecks zum Tanz aufgespielt. Die «Streckfus Steam Boats & Co.» umfaßte eine Flotte von sechs Booten: die «J. S.» (Joe Streckfus), «Dixie Belle», «Capital», «Bald Eagle», «St. Paul» und die «Sidney», auf der Fate Marable mit seiner Band spielte. Diese Mississippi-Flotte hat wahrscheinlich mehr zur Verbreitung und zum Erfolg des Jazz beigetragen als alle anderen Schiffe der Welt.

Fate Marable (1890–1947), Pianist und Organist, engagierte für diese Schiffe seit 1917 ausgezeichnete Musiker wie: Johnny St. Cyr (Gitarre, Banjo), Pops Foster (Baß, Tuba), Baby Dodds (Schlagzeug), Auguste

Fate Marable und seine Band
Mississippi River Boats

Rousseau (Posaune), Sam Dutrey und Johnny Dodds (Klarinette), Joe Howard, Henry «Red» Allen und Louis Armstrong (Trompete). Fate Marable spielte auch «Calliope», eine kleine Dampforgel, die mit ihren weitreichenden Klängen die Vergnügungsdampfer in den Städten von New Orleans bis nach St. Louis ankündigte. Die neue Musik aus New Orleans wurde den 7000 Kilometer langen Mississippi entlang in allen bedeutenden Hafenstädten von Louisiana, Arkansas und Missouri bekannt gemacht.

Die Mississippi River Boats waren wie «schwimmende Konservatorien»[78]. David Jones, Mellophonspieler (waldhornähnliches Instrument), übernahm Armstrongs musikalische Ausbildung. Auf den River Boats lernte man nicht nur die Welt außerhalb von New Orleans kennen, sondern auch Noten zu lesen und Blattspiel, arrangieren und Gruppenspiel. Die «Fate Marable Band» war die erste farbige Band, die den Jazz «upriver» in all die großen und kleinen Städte am Ufer des Mississippi brachte. Armstrong spielte drei Sommer lang bei Fate Marable, von 1919 bis 1921.

Chicago und Joe «King» Oliver,
New York und Fletcher Henderson

Also begann das Kind Louis Armstrong als Straßenjunge mit einem Vokalquartett, lernte in einer Besserungsanstalt in New Orleans Trompete spielen, auf den «schwimmenden Konservatorien» des Mississippi die Grundlagen der Musiktheorie und später bei Joe Oliver in Chicago den Hot Jazz kennen. – Chicago wurde nun Louis Armstrongs neuer Wohnsitz.

Chicago war 1833 ein Dorf mit 43 Häusern und 200 Einwohnern, nach knapp 100 Jahren die zweitgrößte Stadt der USA, Einwandererstadt mit zahlreichen Deutschen, Iren, Italienern, Mexikanern, Puertorikanern, Skandinaviern, Osteuropäern, etwa ab Beginn des Ersten Weltkriegs auch Südstaatennegern. War New Orleans die Stadt von Vergnügen und Spaß, so war Chicago die Handels-, Industrie- und Dollarmetropole: Stahl-, Eisen-, Getreide-, Tabakmärkte, gewaltige Vieh- und Schlachthöfe bestimmten das Bild der Stadt. Riesige Umsätze führten zu einem anhaltenden wirtschaftlichen Aufschwung. Die Gangster Al Capone und Johnny Torrio beherrschten ein Imperium des durchorganisierten Lasters mit Bordellen, Spielhäusern, Bars, Drogenhandel, Kriminalität. Mord und Totschlag waren in der ganzen Stadt verbreitet.

1917 wurde Storyville, New Orleans, geschlossen. Bereits vorher, mit dem wirtschaftlichen Aufschwung um 1910 und dem Rückgang des europäischen Einwandererstroms sowie der Einberufung zahlreicher weißer Amerikaner 1914 bis 1917, wanderten Südstaatenneger und New Orleans-Musiker nach Chicago, der Stadt, die Freiheit und Lohn verhieß. Die South Side von Chicago, auch «Black Belt» (Gürtel) genannt, wurde zu dem größten schwarzen Getto der Welt. 25 Dollar konnte hier auch ein ungelernter Arbeiter pro Woche verdienen, damit ein angemessenes Leben fristen und sogar etwas Geld für Unterhaltung und Musik ausgeben. Aber auch in Chicago wurden die Afroamerikaner ausgebeutet. Sie mußten zum Beispiel überhöhte Mieten zahlen und verloren als erste ihren Job.

1919 kamen brutal unterdrückte Rassenunruhen auf. Im Januar 1920 wurde ein Alkoholverbot erlassen, das aber die etwa 20 000 Vergnügungs-Etablissements nicht daran hinderte, illegal Alkohol zu verkaufen. Das Geschäft blühte! Chicago war für Musiker aller Art ein Dorado mit stän-

Chicago South Side

digem Livemusik-Angebot. Für schwarze Musiker gab es in den zwanziger Jahren vier Möglichkeiten zu Engagements: in Cabarets, Schallplattenstudios, Theatern und Ballsälen. Die schwarzen, dazugekommenen New Orleans-Musiker waren in den Cabarets des «Black Belt» und allenfalls in den Tanzsälen der schwarzen Unterschicht anzutreffen. Sie durften allerdings auch Schallplattenaufnahmen in den Studios innerhalb oder außerhalb Chicagos machen. Das bereits etablierte schwarze Chica-

King Oliver

goer Management, vertreten durch Dave Peyton und die Zeitschrift «Chicago Defender», nahm die besseren Jobs in den Film- und Vaudeville-theatern[79] des schwarzen Mittelklassepublikums und in den Ballsälen eines weißen Publikums außerhalb des «Black Belt» in Anspruch.[80]

Eine berühmte weiße Jazzband waren die NORK («New Orleans Rhythm Kings»). Sie imitierten den authentischen schwarzen Jazz und kopierten Soli und Riffs (prägnante rhythmische Motive) der New Orleans-Musiker. Zusammen mit King Olivers «Creole Jazz Band» hatten sie großen Einfluß auf die jungen weißen Amateurmusiker und Jazzfans der Austin High School, auch Chicagoans genannt.

Als 1922 der Trompeten-König, Papa Joe «King» Oliver aus Chicago, ein Telegramm nach New Orleans an Louis Armstrong schickte, war dieser nicht mehr zu halten. Sein Idol hatte gerufen: *... als King Oliver, der Trompeter jener Zeit, nach mir sandte, ich solle New Orleans verlassen und ihn im Lincolns Garden treffen, um zweite Trompete zu seiner ersten*

Trompete zu spielen, sprang ich vor Freude hoch in die Luft.[81] Am Tag, als das Telegramm ankam, spielte Armstrong mit der «Tuxedo Brass Band» während einer Beerdigung. Die Musiker rieten ihm dringend ab, nach Chicago zu fahren, da Joe Oliver Schwierigkeiten mit der Gewerkschaft habe. Am 8. Juli 1922, spät abends gegen 23 Uhr, kam Armstrong – wohlversehen mit einem von Mayann zubereiteten Fisch-Sandwich und seiner Trompete – in Chicago, Illinois, Central Station, an. Niemand holte ihn ab, den «Boy from New Orleans» aus der Provinz. King Oliver arbeitete bereits im «Lincolns Garden» am Rand der South Side. Louis nahm ein Taxi und fuhr direkt dort hin. Er hörte Olivers «Creole Jazz Band» von weitem schon «stomping and jumping» und fragte sich beklommen: *My Gawd, I wonder if I'm good enough to play in this band!* (Mein Gott, bin ich auch gut genug für diese Band!)[82]

Das «Lincolns Garden Café» war zum Bersten voll mit Menschen jeder Gesellschaftsschicht und jeglicher Hautschattierung. «King» Oliver unterbrach die Band sofort und sagte: «Junge, wo bist du gewesen? Ich habe auf dich gewartet und gewartet.»[83] Dann spielte die Band eine weitere Hot Number. Die derzeitige Besetzung der Band war: King Oliver (Kornett), Johnny Dodds (Klarinette), Honoré Dutrey (Posaune), Baby Dodds (Schlagzeug), Bill Johnson (Banjo), Lillian Hardin (Klavier). Später spielten Buster Bailey oder Jimmy Noone in Olivers Band Klarinette, Bill Johnson am Banjo wurde durch Bud Scott ersetzt. Louis Armstrong

King Olivers «Creole Jazz Band»

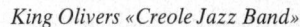

wurde das siebte Mitglied dieser Band. Sein Kindheitstraum war in Erfüllung gegangen. *Ich war im Norden und spielte mit meinem großen Vorbild «King» Joe Oliver.*[84] *Als die Band gerade anfing zu ‹swingen›, lehnte sich der King zu mir herüber, bewegte die Ventile auf seiner Trompete und erzeugte die Töne, die er machen würde, wenn die Unterbrechung* (break) *in dem Stück käme. Ich hörte zu und probierte gleichzeitig meine zweite Stimme zum Thema. Als die Unterbrechung für die Improvisation kam, hatte ich meinen Part mit seinem Thema zu vermischen. Die Zuhörer wurden verrückt darüber.*[85] Dies war die einfallsreiche Idee des ersten Abends.

Einen zweiten Trompeter einzustellen war nicht üblich. Warum hatte der «King» Little Louis geholt? Suchte er Unterstützung für sein eigenes Spiel, um eine «gefährliche» Konkurrenz auszuschalten?

Alle Musiker der «Creole Jazz Band» stammten aus New Orleans, nur Lil, Armstrongs zukünftige zweite Frau, nicht. Sie war aus Memphis, Tennessee, spielte «klassische» Klaviermusik von Bach, Chopin, Grieg, Rachmaninow und hatte an der Fisk University in Nashville studiert. Sie hatte hauptsächlich begleitende Funktion, komponierte und arrangierte aber auch viel. – Lil Hardin, Sängerin, Komponistin und erste weibliche Jazz-Instrumentalistin von größerer Bedeutung, wurde vermutlich 1902 in Memphis geboren. Mit Jazz und Blues kam sie schon frühzeitig in Chicago in Verbindung, weil das fünfzehnjährige «Jazz-Wunderkind» nach dem Schulunterricht in einem Musikladen die neuesten Stücke vorspielte. Dort verkehrten ständig Jazzmusiker und schwarze Schauspieler.

Bereits 1917 spielte Lil in Freddie Keppards «Original Creole Band». Ihr fiel auf, daß die Band ohne Noten spielte. Sie versuchte mehr schlecht als recht, die jeweilige Tonart zu treffen. Später, 1921 bei King Oliver, schrieb sie bereits Arrangements. Als Little Louis, der damals 220 Pfund wog, als «Greenhorn» aus New Orleans kam, war Lil in der Chicagoer Jazzszene etabliert, verdiente ausgezeichnet, besaß einen Nerzmantel und eine schwarze Limousine.

Die karrierebewußte Lil förderte Louis Armstrong in Chicago und New York. Sie sorgte für seinen Aufstieg vom zweiten Trompeter zum großen Star. Am 5. Februar 1924 heirateten Lil Hardin und Louis Armstrong. Nach der gemeinsamen «Hot Five»-Zeit führten lange Trennungen und Verschiedenheit der Charaktere ab 1931 zur Entfremdung. Die vornehme «Lady» aus Memphis und der einfache «Boy» aus den Slums von New Orleans gingen getrennte Wege. Die endgültige Scheidung erfolgte erst 1938.

Ab 1930 verfolgte Lil ihre Karriere allein. Sie hatte eine «All Girl Band», die «Harlem Harlekins», spielte mit der Gruppe «Lowland Singers» des Pianisten und Bandleaders Clarence Williams und trat in der New Yorker Show «Hot Chocolates» auf. Sie verfaßte zahlreiche Blues und die klassischen Jazzstücke «Struttin' With Some Barbecue», «My

Heart», «Hotter than that», «The King of the Zulus». – Lil Hardin-Armstrong starb bald nach dem Tod ihres Mannes, 1971, während eines Memorial-Konzerts für Louis in Chicago.

Weiße Bands übernahmen den schwarzen New Orleans-Jazz schon sehr früh und verstanden es, kommerzielle Erfolge zu verbuchen. So wurden die ersten Jazzaufnahmen überhaupt mit einer weißen Band gemacht, der ODJB, «Original Dixieland Jazz Band», und zwar bereits 1917 in New York unter der Leitung von Nick LaRocca (Klarinette). Die große Bedeutung der ODJB liegt darin, daß sie durch den Millionenverkauf von Schallplatten den Jazz bekannt machte, zu einer Zeit, als das Radio noch kaum Verbreitungsmedium war. 1919 reiste die ODJB nach London und verkaufte dort den neuen Musikstil Dixieland. Dieser Stil war eine Art «weißer», synkopierter New Orleans-Stil, glatter, gefälliger, weniger rauh in der Tongebung, eingängiger in der Rhythmisierung.

Einige New Orleans-Musiker zögerten, Aufnahmen zu machen, zum Beispiel der Trompeter Freddie Keppard, da er befürchtete, man könne seine Musik von den Platten stehlen. – Freddie Keppard versuchte auch eines Tages in Chicago, Louis Armstrong zu übertrumpfen. Er hörte der Band eine Weile zu und sagte dann zu Little Louis: «Junge, gib mir mal deine Trompete!» Lil nickte Louis zu, und er gab Freddie Keppard seine Trompete. Dann gab dieser sie wieder an Armstrong zurück, und Lil feuerte Louis an. Louis spielte sich vor Wut über die Arroganz von Freddie Keppard die Seele aus dem Leib. Die Zuhörer standen vor Begeisterung schreiend auf den Tischen. Keppard schlich sich hinaus. Niemand fragte Armstrong je wieder, ob er auf seiner Trompete blasen dürfe.[86]

King Olivers «Creole Jazz Band» machte die ersten Aufnahmen überhaupt des authentischen schwarzen New Orleans-Jazz am 31. März und am 6. April 1923. Innerhalb von acht Monaten wurden circa 40 Titel auf Wachsmatrizen aufgenommen. Es handelte sich um sechs Aufnahme-Sessions für die Firmen Gennett, OKeh, Columbia und Paramount.[87] Die Aufnahmen waren pre-elektrisch, mit Riesenschalltrichtern hergestellte «Schellack-Schätzchen», die den authentischen Sound der «Creole Jazz Band» kaum angemessen wiedergeben konnten, zumal ab und zu auch noch ein Zug am Studio vorbeiratterte. Lil sollte schwere Akkorde und keine Melodielinien spielen, da bereits eine Klarinette in der Band sei, meinte Joe Oliver. Louis mußte wegen seines starken Tonvolumens großen Abstand von Band und Aufnahmegerät halten. Er spielte sein erstes durch Schallaufzeichnungen festgelegtes Solo von 24 Takten in *Chimes Blues* (chimes = Glockenspiel) am 6. April 1923.

Der *Chimes Blues* ist ein gemächlicher zwölftaktiger Blues in C. Der Formverlauf und die Instrumentation sind einfach: nach vier Takten Introduktion folgen zwei Chorusse (Abschnitte) polyphon-lineare und zwei Chorusse homophon-klangliche Kollektiv-Improvisation. Lil imitiert zwei Blues-Abschnitte lang Glockenspiele auf dem Klavier, und zwar in gebrochenen Akkorden, in hoher Lage:

Dazu spielt die Oliver-Band Akkordschläge auf der ersten Taktzeit des Vier-Viertel-Takts. Louis Armstrong improvisiert 24 Takte Solo mit einigen «off beats» und Triolen, melodisch-chromatischen Umspielungen, zuweilen «dirty» in der Tongebung, mit einem «kecken» Hochton. Das Kollektiv beendet den Blues mit einem zwölftaktigen Chorus. Die Posaune spielt eine Glissando-Extroduktion von kurzen zwei Takten. – Die «Oliver Creole Jazz Band» ist von überzeugender melodischer und rhythmischer Übereinstimmung und Einfühlsamkeit geprägt. Die Differenziertheit der Individualität der einzelnen Musiker wird in die Einheit des Kollektivs integriert. *Chimes Blues* macht einen ruhigen, friedvollen Eindruck.

Ungefähr die Hälfte des Repertoires der Oliver-Band waren Blues-Titel, und Armstrong war in Black Storyville mit Blues aufgewachsen, nicht mit dem stark synkopierten Ragtime der Kreolen. Nach Armstrongs Spitznamen «Dippermouth» wurde der *Dippermouth Blues* angeblich von Joe Oliver, Louis Armstrong und Walter Melrose komponiert. Joe Oliver improvisiert als Hauptsolist im sogenannten «gut-bucket-Stil», erdig, bluesgebunden, mit Dämpfer (bucket) und growl-Effekten (knurren), off beat (Zwischenschlag), off pitch (Zwischenton), dirty (schmutzig). Der Klarinettist Johnny Dodds spielt nach einer kurzen Introduktion und zwei kollektiven Improvisationen schlanke, einfühlsame Linien mit einigen lebhaften, akzentuierten Spitzentönen, die von rhythmisch einprägsamen, kollektiven Akkordschlägen begleitet werden Nach einer weiteren kollektiven Improvisation folgen drei Trompetenchorusse mit Joe Oliver. Der «King» spielt in einer gedämpften, verhaltenen Stimmung. Aus der abfallenden Blues-Terz: es-c entwickelte Joe Oliver durch Minimal-Varianten einen spannungsvollen melodisch-rhythmischen Ablauf. Der melodische Höhepunkt reicht im ersten Chorus nur bis zum hohen g. Es erfolgen vereinzelte off beat-Akzentuierungen. Der zweite Chorus ist lebhafter, akzentreicher, größer im Tonumfang. Der dritte Chorus bildet den spannungsreichen Höhepunkt durch ein lang ausgehaltenes hohes a. Kurz vor Schluß verdichtet sich die rhythmische Gestaltung durch Achtel, Triolen und Punktierungen. – Ein auffordernder Ruf an das Kollektiv inspiriert zum letzten Chorus und kurzer zweitaktiger Extroduktion.

Durch die zahlreichen Schallplattenaufnahmen des schwarzen New Orleans Jazz der «Creole Jazz Band» des Joe «King» Oliver wurde die weitere Entwicklung des Jazz entscheidend beeinflußt. Der weiße, angepaßte Pseudo-Jazz der ODJB und der Imitationsjazz der NORK waren nicht mehr tonangebend.

Außer dem «Lincolns Garden Café» gab es noch weitere große Etablissements, wie zum Beispiel das «Dreamland» und das «Plantation». *Aber das «Sunset Café», das Lokal von meinem Boss, war das aufregendste von allen, glaub mir.*[88] Im «Ampex Club» spielten Jimmy Noone Klarinette und Earl Hines Klavier. King Oliver bekam ein Angebot, «onenight-tours» zu machen, und zwar für eine Menge Geld. Trotzdem wollten einige Musiker nicht mitfahren. Es gab dieselben gruppendynamischen Probleme, die Bandleader immer und bis heute noch haben. *Für mich war alles, was der King tat, in Ordnung. Mein Herz schlug immer für ihn bis zu seinem Todestag und sogar jetzt.*[89]

Der Klarinettist Johnny Dodds hatte herausgefunden, daß der «King» den Musikern pro Woche 20 Dollar vorenthielt. Bis auf Louis Armstrong, der bis zum Sommer 1924 blieb, verließen nun alle Musiker die Band. «King» Oliver ging immer schon ungern auf Engagements ein, wenn ihm die finanziellen Bedingungen nicht gefielen. Die nächsten Bands, die Oliver gründete, waren die «Dixie Syncopators» und die «Savannah Syncopators». Sieben Jahre lang verbrachte er ab 1931 mit unterschiedlichen Bands und unterschiedlichem Erfolg auf den Straßen bei Tourneen durch den Süden und Südwesten der USA. Er war oft mürrisch und unfreundlich zu seinen Musikern. Sein Ruhm verblaßte bald. Er hatte schließlich keine Auftrittsmöglichkeiten mehr und löste seine letzte Band 1936 auf. 1937 traf Louis Armstrong, on tour mit seiner Band, in Savannah, Georgia, einen alten Mann, der hinter einem Gemüsewagen Tomaten und Kartoffeln verkaufte. Es war Joe Oliver, 52 Jahre alt, mit ausgefallenen Zähnen, zerstörten Lippen, krankem Herzen. Louis und seine Musiker gaben ihm alles Geld, das sie bei sich hatten. Abends kam Joe in einer Kleidung aus dem Leihhaus ins Konzert und hörte die ganze Nacht zu. Nur noch kurze Zeit fristete der ehemalige «King» des New Orleans-Jazz ein elendes Dasein. Er starb am 10. April 1938. Seine Schwester, die einzige Verwandte, die sich um ihn kümmerte, konnte nicht einmal das Geld für einen Grabstein aufbringen.

Joe Oliver hatte irgendwann einmal eine Bemerkung gemacht, die Lil Hardin sehr zu denken gab: Louis Armstrong sei ein besserer Trompeter als er, aber solange Louis zweite Trompete blase, könne er nicht über sich selbst und über ihn, Joe Oliver, hinauswachsen. Lil hatte den Eindruck, Joe Oliver, der angeblich nie jemanden außer Louis Armstrong gesponsert hatte, wolle Louis' Karriere bremsen. Lil Hardin, die Louis zunächst unbeholfen und schüchtern, steif in den Bewegungen und provinziell angezogen fand, erkannte seine außerordentlichen musikalischen Fähigkeiten und beschloß, aus Louis einen ersten Trompeter zu machen! Sie arbei-

Fletcher «Smack» Hendersons Orchester

tete mit ihm: Blattspielen, Notenlesen, Arrangieren. Louis war begeistert. Einige Monate später, im Juni 1924, trennte sich Louis Armstrong von Joe Oliver, um nach New York zu gehen, hatte aber nicht den Mut, es Oliver selbst zu sagen. Rudy Jackson, der neue Klarinettist der Band, übernahm diese Aufgabe angeblich für Armstrong.

Louis Armstrong erzählte, er habe bereits 1923 ein Telegramm von Fletcher Henderson bekommen. Er kannte Fletchers Musik von Schallplatten mit den damals populären farbigen Sängerinnen Ethel Waters und Revela Hughes und dem Theater-Orchester aus New Orleans aus der Zeit vor 1920. Fletcher Henderson leitete die erste farbige Big Band. *Als ich dem King erzählte, es sei meine große Chance, New York zu sehen, wo die Leute wirklich etwas tun, verstand er mich.*[90] *Ich wußte es, und er ließ mich gehen, so konnte ich die Gelegenheit beim Schopf packen.*[91] Jedenfalls fuhr Armstrong mitten heraus aus einem Engagement in «Ollie Power's Dreamland Band» am 13. Oktober 1924 mit Lil nach New York, «the Big Apple», die Mammutstadt, die größte Stadt der USA mit den höchsten Wolkenkratzern und dem größten Handelshafen der Welt und dem berühmt-berüchtigten, exotisch-erotischen Stadtteil Harlem im Norden von Manhattan.

Als Armstrong in New York ankam, fuhr er sogleich zur Probe von «Smack» Fletcher Henderson. *Hey, ich bin dieser Junge, nach dem Sie fragten und der die Trompete in Ihrer Band spielen soll, und ‹Smack› (Bei-*

geschmack, Spitzname von Fletcher Henderson), *aufregend wie ein Norweger mit diesem messerscharfen, stahlgrauen Anzug, sagte: «Oh, ja, wir warten auf Sie, Ihr Platz ist dort oben.»* [92] Louis ging mit geschlossenen Augen auf die Bühne, und als er die Augen öffnete, schaute er direkt in die Gesichter von Coleman Hawkins (Tenorsaxophon), Don Redman (Altsaxophon und Klarinette), Buster Bailey (Klarinette), Kaiser Marshall (Schlagzeug), Charlie Green (Posaune), Bob Escudero (Tuba und Baß), Howard Scott und Elmer «Muffle Jaws» Chambers (Kornett; muffle jaw = Dämpferkinnbacken), Charles Dixon (Banjo).

Sie schauten alle gespannt aus den Augenwinkeln auf den neuen Mann, aber sie wollten Louis natürlich zunächst spielen hören. Louis war es nicht gewohnt, vom Blatt zu spielen. Die erste Nummer hieß «By the Waters of Minnetonka». Louis spielte die dritte Trompete oder Kornett. Bei einem Medley (Potpourri) mit «Irish Waltzes» unterlief Louis das im ersten Kapitel berichtete Mißverständnis. Er spielte «pound plenty», während die ganze Fletcher Henderson-Band bereits im Pianissimo angelangt war. Alle schauten entsetzt auf Louis, der versicherte, er habe das pianissimo für ein *puste bis du platzt!* gehalten. In eben diesem Augenblick fiel auch noch Escuderos Baß auf Greens Posaune. Green beschimpfte Escudero «nach Strich und Faden». Die Spannung löste sich. [93] – Armstrong machte mit Fletcher Henderson von Oktober 1924 bis Oktober 1929 eine Reihe von Aufnahmen, darunter «One of these days», «Every body loves my baby», «When you do what you do» und «Sugar Foot Stomp».

Fletcher Henderson hatte Mathematik und Chemie an der Atlanta University studiert. Er spielte klassische Musik und konnte gut vom Blatt lesen. Sein Orchester, das im «Roseland Ballroom» auftrat, war ein Tanzorchester à la mode. Die Broadway Dance Halls waren nur für Weiße bestimmt, die verrückte, endlose Tänze ausführten. Die Cabarets in Harlem ließen gelegentlich auch Schwarze zu.

Etwa ab 1921, als Henderson in New York seine erste Schallplatte mit «My Oriental Rose» und «Pretty Girl» aufnahm, begann der Big Band-Jazz, der für den arrangierten Swingstil der dreißiger Jahre typisch wurde. Die spontane, kollektive Polyphonie des alten New Orleans-Jazz wich den sorgfältig ausgearbeiteten, homophonen Arrangements für eine große Besetzung von etwa zwölf bis vierzehn Musikern. Die Harmonien wurden differenzierter und klangreicher. Der Rhythmus beruhte auf einem durchgehenden «four beat». Der Einfluß von Armstrongs «hot intonation» (expressive Tongebung) und seiner rhythmischen Differenziertheit auf die Henderson-Band ist nicht zu unterschätzen. Er brachte die Band zum Swingen.

Don Redman war der Arrangeur und Musikdirektor der Band, der erste Jazzarrangeur mit einer gediegenen Ausbildung, die den Big Band-Stil entscheidend mitprägte.

Die Henderson-Band machte sehr häufig Schallplattenaufnahmen und übernahm zum Beispiel den *Dippermouth Blues* von Oliver und Armstrong als *Sugar Foot Stomp*. Dieses Stück hielt Henderson für das beste, das zu jener Zeit mit der Band aufgenommen wurde. Ein äußerst beliebtes Stück mit der Henderson-Band war: «When you do what you do».

Leider war die «flotte Fletcher-Band» sehr undiszipliniert. Die Musiker kamen oft zu spät oder betrunken auf die Bühne, schmissen mit Geld um sich, kauften sich teure englische Anzüge und Wagen. (Sie verdienten 75 Dollar die Woche.) Henderson wollte Armstrong nur die dritte Trompete spielen lassen. Louis, der schon als Kind mit seiner Mutter in der Kirche und mit seinem Vokalquartett auf den Straßen von New Orleans gesungen hatte, begann wie zufällig während einer Amateur-Show im «Roseland» zu singen: *Everybody loves my baby, but my baby don't love nobody but me.* Mit Joe Olivers Band hatte Armstrong nie gesungen. Dies war Louis' erster Auftritt als Sänger mit einer Big Band. Das Publikum war begeistert und verlangte mehr Gesangsnummern. Der Applaus war groß. So wurde Louis Armstrong auch als Sänger bekannt.[94]

Später, im November 1924, mit Clarence Williams' «Red Onion Jazz

Bessie Smith

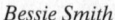

Sidney Bechet

Babies» bzw. «Blue Five», nahm Louis das Stück auf. Alberta Hunter
übernahm den Gesangspart. Buster Bailey oder Sidney Bechet spielten
bei den «Red Onion Jazz Babies» Klarinette. Sidney Bechet wurde 1897
in New Orleans geboren. Er war ein Naturtalent und hatte bereits 1913
bei Joe «King» Oliver gespielt. In Chicago schloß er sich Freddie Keppard
an. 1925 wirkte er während einer Europa-Reise bei dem Musical «Black
Revue» mit, in dem Josephine Baker ihr Debut gab. Ab 1947 spielte er
vor allen Dingen mit Claude Luter in Paris, wo er 1959 starb.

Während seiner ersten New Yorker Zeit machte Armstrong auch zahlreiche Aufnahmen mit Blues-Sängerinnen wie Bessie Smith, Clara Smith,
Ma Rainey, Maggie Jones, Trixie Smith, Sippie Wallace und anderen. Er
war ein ausgezeichneter Blues-Begleiter, «the horn behind the Blues»,

sehr zurückhaltend oder mit der Stimme dialogisierend. Am 14. Januar 1925 nahm er mit Bessie Smith in den Columbia Studios das Meisterstück *St. Louis Blues* auf. Die Zusammenarbeit von Bessie Smith und Louis Armstrong war einer der Höhepunkte der Entwicklung des Blues. Louis Armstrong war von Bessies Phrasierung, Tongebung und Expressivität zutiefst beeindruckt. Bessie Smith ist als die größte aller Blues-Sängerinnen zu bezeichnen. Sie wurde 1898 in Chattanooga, Tennessee, geboren. Als junge Sängerin trat sie in Minstrel Shows, Cabarets und «Honky Tonks» auf. 1919 produzierte sie ihre erste eigene Revue, die «Liberty Belles». In New York machte sie 1923 Aufnahmen mit Fletcher Henderson. 1926 war sie auf dem Höhepunkt ihres Ruhms und zog mit eigenen Shows durch die USA. Sie wirkte in dem Film «St. Louis Blues» mit. Ab 1930 begann ihr Niedergang, verursacht durch starken Alkoholkonsum und die Weltwirtschaftskrise. 1937 verunglückte Bessie Smith tödlich während eines Autounfalls. Angeblich wurde ihr als Negerin die Aufnahme in ein weißes Krankenhaus verweigert.

Louis Armstrong machte noch eine Frühjahrs- und Sommer-Tournee mit der Henderson-Band nach Connecticut, Maine und Maryland, Massachusetts, Pennsylvania und verließ die Band nach einem Jahr, Anfang November 1925. – Er war nicht nach New York gekommen, um dritte Trompete zu spielen. Außerdem wurden die Henderson-Musiker recht unverschämt und behandelten ihn wie einen «underdog».

Lil, die eher als ihr Mann aus New York zurückkehrte, hatte 1925 in Chicago eine eigene Band zusammengestellt: «Lil Armstrong's Dreamland Syncopaters». – «Ich ging zum Dreamland und sagte: ich möchte, daß hier eine Band spielt... ich werde einige gute Musiker zusammenbringen, besonders meinen Mann aus New York. Ich wünsche, daß er gefördert wird, und ich wünsche 75 Dollar die Woche für ihn.»[95] Kein Musiker bekam bislang mehr als 55 Dollar pro Woche in Chicago. Lil bestand auf der Summe und bekam den Vertrag. Dann verlangte sie noch ein Schild für die Eingangstür mit der Aufschrift: «Louis Armstrong, the World Greatest Trumpet Player!»

Louis Armstrong wollte nie ein großer Star werden, er wollte spielen, Spaß haben, Menschen glücklich machen, aber die ehrgeizige Lil teilte ihm mit: «Nun, ich habe den Job bereits bekommen, und wenn du nicht bis zu einem bestimmten Zeitpunkt hier bist... dann brauchst du gar nicht mehr zu kommen.»[96] Louis kam, Lil zeigte ihm den Vertrag, und er dachte, sie sei verrückt geworden.

Louis Armstrong spielte dann tatsächlich 1925 in Chicago in Lils Band, den «Dreamland Syncopaters». *Im Dreamland hatten wir einige schöne Augenblicke. Einige wirklich hervorragende Aktionen. Da war das Team von Brown und McGraw. Sie vollführten einen Jazztanz, der nicht aufhören wollte. Ich blies während ihrer Aufführung, und zu jedem Schritt, den sie taten, spielte ich entsprechende Töne. Sie liebten diese Idee so sehr, daß sie sie arrangierten.*[97] – Musik, Tanz und Entertainment wurden im «Dreamland» gleichzeitig geboten. Interessierte Musiker kamen und hörten Abende lang zu, zum Beispiel die Brüder Benny und Harry Goodman.

Professor Erskine Tate fragte Louis im «Dreamland», ob er in sein Symphonieorchester im Theater «Vendome» kommen wolle. Bei Professor Tate wurden sowohl Ouvertüren als auch «Hot Music» gespielt. Armstrong nahm an. Für ihn war das Spielen in einem Symphonieorchester eine ausgezeichnete Schulung. *Ich möchte diese Erfahrung um keinen Preis missen.*[98] Erskine Tates kleines Orchester untermalte auch Stummfilme. Das ständige Umblättern beim Blattspiel machte Armstrong Schwierigkeiten. Lil ermunterte ihn immer wieder. Louis' Lieblingsstück wurde «Cavalleria Rusticana» mit Trompetensolo und Jazzimprovisation. Während seiner Zeit bei Erskine Tate wechselte er vom Kornett zur Trompete. Nach den Theatervorstellungen spielte er immer anschließend im «Dreamland». Mit der Zwölf-Mann-Besetzung des «Vendome Orchestra» entstanden am 28. Mai 1926 zwei Einspielungen, die hervorragende Beispiele des frühen Swing-Stils sind: «Static Strut» und «Stomp Off, Let's Go!». Sie zeigen neben der brillanten Führungsstimme von Armstrong nur noch zwei qualifizierte Solisten: den Pianisten Teddy Weatherford und den Waschbrett-Spieler Jimmy Bertrand.

Die «Hot Five» und die «Hot Seven»

Die ersten Schallplattenaufzeichnungen unter Armstrongs eigenem Namen wurden mit den «Hot Five» und den «Hot Seven» von Ende 1925 bis Ende 1928 gemacht. Es waren über 60 Einspielungen. Dabei handelte es sich nur um einen geringen Teil von Armstrongs Gesamtproduktion während dieser Jahre. Die Studioaufnahmen fanden morgens statt, nachmittags spielte Louis weiter bei Professor Tate im Symphonieorchester und abends im Orchester seiner Frau Lil im «Dreamland» als «The World Greatest Trumpet Player».

1926 wechselte Armstrong zu Carroll Dickerson (Violine, Bandleader) ins «Sunset Café», wo er zum erstenmal mit Earl Hines zusammentraf. – Earl Hines wurde 1905 in Duquesne, Pennsylvania, geboren, trat wie Louis Armstrong ebenfalls 1926 in die «Carroll Dickerson Band» ein und wurde später ihr musikalischer Leiter. Er übernahm 1928 bei den «neuen Hot Five» statt Armstrongs Frau Lil Hardin den Klavierpart. Von 1928 bis 1948 leitete er eine Big Band, der unter anderem Charlie Parker und Dizzy Gillespie angehörten. Diese Band gilt als die Wiege des Bebop. Von 1948 bis 1951 war er Mitglied der «All Star»-Gruppe von Louis Armstrong. Hines' Klavierstil ging als «Trompetenstil» in die Jazzgeschichte ein. Dieser Stil übte einen großen Einfluß auf alle Jazzpianisten bis in die Mitte der dreißiger Jahre aus.

Earl Hines erinnert sich: «Die ‹Carroll Dickerson Band› im ‹Sunset› war sehr gut im Blattlesen, und das war wichtig, weil wir große Shows zu spielen hatten. Sie wurden von Percy Venable produziert... Das Publikum war zu 90 Prozent weiß. Eine Attraktion schien die Vermischung von weißen Mädchen und farbigen Zuhältern zu sein. Die Leute kamen in Mengen von Chicagos Goldküste, um diese Shows zu sehen. Sie hatten noch nie Stepptanz oder Komödie dieser Art gesehen!... Der Produzent fand sehr schwierige Musik für uns wie: ‹Schwarzwald-Ouvertüre›, ‹Dichter und Bauer›, ‹Rhapsody in Blue›.»[99]

Der Besitzer des «Sunset Café» war Joe Glaser, Armstrongs späterer Manager, den er dort zuerst kennenlernte und der ab 1925 bis zu seinem Tod 1969 sein treuer Begleiter und bester Freund war. Joe Glaser zerstritt sich mit Carroll Dickerson und übertrug Louis die Leitung der Band. So entstand 1927 die Gruppe «Louis Armstrong And His Stompers». Armstrong versuchte sich auch als Unternehmer und Clubbesitzer zusammen mit Earl Hines und Zutty Singleton. Sie mieteten die «Warwick Hall» in der Nähe des «Savoy Ball Room», konnten aber bald die Miete nicht mehr aufbringen. Außerdem war Armstrong kein Geschäftsmann, der sich mit den Praktiken des «Heuern und Feuern» auskannte. Also ging er 1928 wieder zu Carroll Dickerson zurück, der jetzt im «Savoy Ball Room» auftrat.

Wer die Idee für die «Hot Five» hatte, ist nur zu vermuten, wahrscheinlich Lil Armstrong oder möglicherweise Richard M. Jones von den «OKeh Records», der Musik von Schwarzen für Schwarze produzierte, die sogenannten «Race Records».[100] – Die Bedeutung der «Hot Five» und der «Hot Seven» für die Musik Amerikas und für die Entwicklung der Musik des 20. Jahrhunderts insbesondere im Bereich der Improvisation ist sehr hoch anzusetzen. Die Bezeichnung «hot» wurde in den zwanziger Jahren auch synonym für «Jazz» verwendet im Gegensatz zur Tanzmusik (sweet music). «Hot» war die expressive Tongebung der Blasinstrumente. Die Improvisationen, besonders die von Louis Armstrong, zeugen von großer Imaginationskraft und hoher technischer Entwicklungsfähigkeit. Es handelte sich bei den «Hot Five» und «Hot Seven» fast ausschließlich um Studiogruppen (vier Formationen), die um neun oder zehn Uhr morgens gut ausgeschlafen und nicht betrunken «zu den recht anstrengenden Aufnahmen kamen». Nur einmal traten die «Hot Five» öffentlich auf, und zwar am 12. Juni 1926 im «Coliseum» in Chicago.

«Im allgemeinen machten wir acht Aufnahmen in einer Sitzung, und wir machten sie so schnell, daß die OKeh-Leute erstaunt waren; sie hatten noch nie eine so schnelle Aufnahme-Band gesehen. Die meisten Bands brauchten den ganzen Tag, um ein paar Aufnahmen zu machen. Wir machten acht in drei Stunden. – Oft kannten wir die Stücke nicht, wenn wir zum Studio kamen. Einer von uns schlug eine Melodie vor, wir spielten sie einmal durch und nahmen sie dann auf. Wir benutzten nie irgendeine Art von Arrangement. Alles, was wir brauchten, war ein Notenblatt mit einem Thema. Jeder arbeitete dann einen eigenen Part aus.»[101]

Vier Mitglieder der «Hot Five» kannten sich und ihre Stilart aus New Orleans in- und auswendig und hatten lange Zeit in Kid Orys Band gespielt: Kid Ory selbst, Louis Armstrong, Johnny Dodds und Johnny St. Cyr. Lil Armstrong hatte die Grundlagen des Jazz bei Joe Oliver gelernt, der ja vorher bei Ory gewesen war. Darum waren die Recording Sessions der «Hot Five» so einfach und schnell abzuwickeln. Außerdem ließen die Aufnahmeleiter den Musikern absolute Freiheit. – Mit den «Hot Five» und den «Hot Seven» entstanden täglich eine Reihe von «klassischen» Jazzproduktionen, die Musikgeschichte machen sollten. Nach den morgendlichen Aufnahmen gingen die Musiker noch zu ihren diversen Jobs in Theatern, Clubs, Ball Rooms und so weiter.

Die Mitglieder der «Hot Five» waren Kid Ory (Posaune), Johnny

Dodds (Klarinette), Johnny St. Cyr (Banjo), Lil Hardin-Armstrong (Klavier) und natürlich Louis Armstrong (Trompete).

Kid Ory wurde 1889 in La Place, Louisiana, geboren. Er spielte als kleiner Junge auf selbstgebauten Instrumenten im Quintett und kaufte sich dann vom verdienten Geld eine Posaune. Kid Ory spielte zunächst bei dem Trompeter Buddy Bolden, gründete 1911 eine eigene Band, mit der er 1913 nach New Orleans ging. King Oliver und Louis Armstrong waren Mitglieder dieser Band. 1919 ging Kid Ory bereits nach Los Angeles und spielte von 1925 bis 1927 bei King Oliver in Chicago. 1942 schloß er sich dem Klarinettisten Barney Bigard an. 1946 wirkte er neben Louis Armstrong in dem Film «New Orleans» mit. Kid Ory ist der berühmteste Tailgate-Posaunist (Slide- oder Glissando-Spiel auf der hinteren Ladeklappe der New Orleans Band Wagons). Er hatte großen Erfolg mit den Kompositionen: «Muskrat Ramble», «Ory's Creole Trombone» und «Savoy Blues». Kid Ory starb im Jahre 1973.

Kid Ory hatte Louis Armstrong, wie er berichtet, zum erstenmal während einer Straßenparade mit der «Waif's Home Band» gesehen. Eines

Louis Armstrongs «Hot Five», um 1925

Tages kam Benny, der Schlagzeuger von Kid Ory, als er mit seiner Band zu einem Picknick im National Park spielte, und brachte den kleinen Louis, um zu fragen, ob er in Orys Band mitspielen könne. Kid Ory erkannte den kleinen Trompeter aus der «Waif's Home Band» wieder und ließ es vergnügt zu. Louis spielte W. C. Handys Komposition «Ole Miss», und alle Menschen im Park waren begeistert von dem kleinen Knaben, der so phantastisch Trompete spielte.[102] – 1918 nahm Armstrong den Platz von Joe Oliver in Kid Orys Band ein, als dieser nach Chicago ging.

Johnny Dodds wurde 1892 in New Orleans geboren; er ist der Bruder des Schlagzeugers Baby Dodds. Schon als Junge spielte er Klarinette und verdiente sich bald seinen Lebensunterhalt auf den Mississippi-Dampfern. 1917 trat er in Orys, 1920 in Olivers Band ein. 1924 gründete er eine eigene Band, mußte aber 1929 wegen der Weltwirtschaftskrise als Taxifahrer tätig werden. – Johnny Dodds war neben Jimmy Noone ein sehr guter Klarinettist in der Chicagoer Szene. Er wurde ein Vorbild für viele Klarinettisten. Man kann ihn auch als guten Blues-Spieler bezeichnen. Sein Spiel war rhythmisch nicht sehr ausgeprägt. Berühmt ist die Intensität seines Vibratos und die Ausgeglichenheit seines Melodiespiels. Er war musikalisch gesehen eine integrative Persönlichkeit ohne Aggressivität und ist als Vertreter der französisch-kreolischen Spielweise anzusehen. Bei den «Hot Five» spielte er auch Altsaxophon. Johnny Dodds starb 1940 in Chicago.

Johnny St. Cyr wurde wie Johnny Dodds ebenfalls in New Orleans geboren, und zwar 1890. Er hatte zunächst ein Trio und spielte 1917 bei Fate Marable auf den Mississippi-Dampfern. 1923 trat er in Olivers Band ein. 1954 ging er nach Los Angeles. Johnny St. Cyr war ein Akkordspieler. Er mußte die ganze Rhythmusgruppe ersetzen, da Schlagzeug und Baß fehlten, Instrumente, die mit der pre-elektrischen Trichter-Technik schwer aufzunehmen waren.

Insgesamt handelte es sich bei den «Hot Five» um eine New Orleans-Formation, mit häufigem Wechsel zwischen Kollektivimprovisation und Soli. – Man kann die Aufnahmen der «Hot Five» im weiteren Sinne in vier Gruppen einteilen: Vom 12. November 1925 bis zum 27. November 1926 wurden Aufnahmen mit den authentischen «Hot Five» gemacht, darunter zwei am 28. Mai 1926 unter der Bezeichnung «Lil's Hot Shots» für Vocalion. Das erste Stück der «Hot Five» überhaupt hieß «My Heart» und war eine Komposition von Lil. Vom 7. bis 14. Mai 1927 erfolgten Aufnahmen mit den «Hot Seven», die eine Ergänzung der «Hot Five» durch Pete Briggs (Tuba) und Baby Dodds (Schlagzeug) waren. Vom 2. September bis 13. Dezember 1927 formierten sich wiederum die alten «Hot Five». Schließlich entstanden die neuen «Hot Five», genannt «Louis Armstrong And His Hot Five» mit Earl Hines (Klavier, Celesta und Gesang), Fred Robinson (Posaune), Jimmy Strong (Klarinette und Tenorsaxophon), Mancy Cara (Banjo), Zutty Singleton (Schlagzeug), die vom 27. Juni bis zum 7. Dezember 1928 Schallaufzeichnungen machten.[103] Die Arrangements der neuen «Hot Five» von Don Redman sind bereits dem Swing-Stil ähnlich, der einen durchgehenden four beat und halbtaktigen Harmoniewechsel bevorzugt.

Armstrongs musikalische Entwicklung innerhalb der Jahre von 1925 bis 1928, das heißt während der Periode der «Hot Five»- und «Hot Seven»-Formationen, kann als der Höhepunkt in seiner Karriere und auch als steiler Anstieg vom musikalisch begabten Musiker der New Orleans Honky Tonks zum musikalischen Genie angesehen werden. Armstrongs Brillanz, seine hohen Töne, die messerscharfen Attacken, der tiefe, runde, volle Ton wurden nun zur Meisterschaft entwickelt. Seine Differenziertheit und Originalität im melodischen, aber auch im rhythmischen Bereich, die Kontrastbildung zwischen Intensität und Kontinuität im Spannungsaufbau gehen weit über sein Spiel bei Joe Oliver oder Fletcher Henderson hinaus. Die völlig neu erfundenen melodischen Linien (Chorusphrasen[104]) bilden einen kreativen Höhepunkt im Gegensatz zum Spiel meist vorgegebenen Materials bei Oliver oder zum Spiel von Varianten bei Henderson (Paraphrasen). Armstrongs melodischer Erfindungsreichtum scheint während der äußerst kreativen «Hot Five»-Phase unerschöpflich gewesen zu sein.

Auch seine Stimme setzte Armstrong mit großem Erfolg ein; im *Gut Bucket Blues*[105] wurde sie zum erstenmal auf Schallplatte aufgenommen. Zusammen mit Kid Ory ermunterte er die Musiker lebhaft zu expressivem Spiel. Louis ruft seinen «Hot Five» zu Anfang zu: *High, High!* und wenn Lil spielt: *Pick That Piano!*, zu Kid Ory: *Blow Up, Boy!* und als Johnny Klarinette spielt: *That's Johnny Dodds!* Er feuert sich schließlich selbst an: *I'll blow that thing!*

Das Stück *Heebie Jeebies* wurde schnell ein Hit. In *Heebie Jeebies* spielt Lil eine achttaktige Introduktion mit einfachen Akkordschlägen auf der ersten und fünften Stufe der Tonart Bb (international Bb=B und B=H) im Wechsel und in folgendem Rhythmus: Das Kollektiv trägt das Thema vor. Das Thema bewegt $\frac{4}{4}$ ♩. ♪♪ 𝄾 sich ebenfalls vorwiegend zwischen der ersten und fünften Stufe. Die zweite Stufe und ein verminderter Akkord vor der fünften Stufe spielen eine farbgebende Rolle im sechsten Takt. Im ersten Teil des Stücks erscheint auch die vierte und sechste Stufe. Die Melodik basiert hauptsächlich auf Terzen und Sekunden. Die Rhythmik ist an Viertel und Achtel gebunden. Gelegentliche «off beats» beleben den Rhythmus. Nach sechzehn Takten Thema und zwei Takten Verlängerung mit Coda-Charakter folgt ein zwölftaktiger Teil, dann das Klarinettensolo von Johnny Dodds über dem Anfangsabschnitt. Louis' Gesang umfaßt eine Strophe mit Text, eine zweite Strophe mit scat und dem Einwurf *Sweet Mama* am Schluß. Nach dem vom Kollektiv gespielten Thema kommt eine witzige Extroduktion mit Akkordschlägen, Rufen, gesprochenem Text: *got the Heebie Jeebies*, und einer runden Combo-Schluß-wendung. – Die «Heebie Jeebies» haben, bedeutet einen Nervenzusam-menbruch erleiden, aber auch einen nervösen Jucktanz vollführen, bei dem man sich in synkopierten Rhythmen kratzt.[106]

Wie Armstrong zu der Idee kam, scat zu singen, ist in unterschiedlicher Weise beschrieben worden. Kid Ory erzählt, Armstrong habe den Text vergessen. Max Jones, ein Armstrong-Biograph, berichtet, das Blatt mit dem Text sei auf den Boden gefallen. Panassié behauptet, Armstrong habe in einigen Minuten einen neuen Text erfunden, da überhaupt kein Text vorgelegen habe, aber der Toningenieur MyKnee Jones aus Ver-kaufsgründen darauf bestand, ein Vokalstück aufzunehmen. «Als wir *Heebie Jeebies* aufnahmen, fragte uns der Toningenieur, wer den Vokal-part singen würde. Louis antwortete: *Niemand, es gibt keine Worte zu dieser Musik!*»[107]

Louis Armstrong sang die erste Strophe. Für das Texten weiterer Stro-phen war keine Zeit. So erfand er zum zweiten Chorus sinnfreie Silben: scat. Der Text der ersten Strophe lautet:

> *I've got the heebies, I mean the jeebies*
> *Talk 'bout a dance, the heebie jeebies*
> *You'll see girls and boys faces lit with joy*
> *If you don't know it you ought to learn it*
> *Come now and do that dance they call the heebie jeebies dance.*[108]

> Ich bekam die ‹Heebies›, ich meine die ‹Jeebies›
> Ich spreche von dem Tanz ‹Heebie Jeebies›
> Du wirst die Mädchen und Jungen voller Freude sehen
> Wenn du ihn nicht kennst, mußt du ihn lernen
> Komm jetzt und tanz den Tanz, den man ‹Heebie Jeebies› nennt.

In den Jahren 1925 bis 1928 entstanden eine Reihe klassischer Jazz-stücke, die man als Höhepunkt der «Hot Five»-Produktionen bezeichnen kann. *Cornet Chop Suey* datiert vom 26. Februar 1926. – Louis Armstrong hatte chinesisches Essen als leichte Kost kennen- und lieben gelernt, be-sonders Chop Suey, eine Mischung aus Bambussprossen und Sojaboh-nen. Also verfaßte er dieses virtuose Solostück. – Die Trompete führt im ganzen Stück. Sie tritt besonders dominant solistisch in der viertaktigen Introduktion mit charakteristischem Dreiklangsignal, im achttaktigen, weiträumigen, virtuosen Schluß und nach dem Pianosolo von Lil in Er-scheinung. Lils Spiel ist teilweise schwankend im Tempo. Die tocca-tenhaften Akkordschläge sind rubato. Dies kann an der fehlenden Rhythmusgruppe liegen, aber auch auf ihre klassische Ausbildung zu-rückzuführen sein. Das Solo von Louis Armstrong ist nur von kurzen Akkordschlägen begleitet. Es beginnt mit rhythmisch akzentuierten

CORNET CHOP SUEY

By LOUIS ARMSTRONG

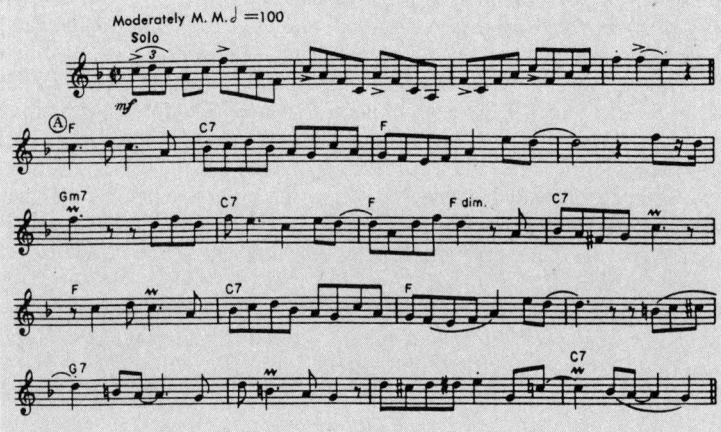

Quarten, die bald kontrastreich in einen schnellen Lauf münden. Gebrochene Dreiklänge werden von chromatischen Achtelfiguren abgelöst. Im weiteren Verlauf des Solos wechseln dreiklangsbezogene, diatonische und chromatische Figuren in kalkulierter, aber immer lebendiger Ausgewogenheit miteinander. *Cornet Chop Suey* besteht aus sieben sechzehntaktigen Abschnitten, die sich durch minimale Varianten kunstvoll unterscheiden, zum Beispiel:

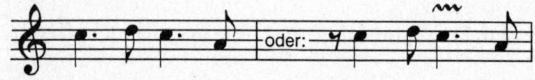

Die Melodik ist immer einprägsam, sangbar, terz-, sekund- und dreiklangsgebunden, der Rhythmus meist ausgewogen durch Achtelbewegung, aber auch belebt durch Punktierungen, Triolen und off beats. Ein typisches Armstrong-Motiv ist das folgende:

Cornet Chop Suey ist eins der bedeutendsten Soli von Louis Armstrong.

Muskrat Ramble, ebenfalls vom 26. Februar 1926, ist eine Komposition von Kid Ory, die zu einem der populärsten Stücke im Jazz wurde. Ein «muskrat» ist ein Bisam; «ramble» bedeutet umherstreifen. Die Kreolen von New Orleans verstanden es, gute Geschäfte mit Bisamfellen zu machen. – Das Stück beginnt unvermittelt ohne die für Louis Armstrong typische Einleitung. Das Thema ist symmetrisch und periodisch und besteht aus zweimal acht Takten. Es wird vom Kollektiv vorgeführt und beruht auf Dreiklangsbrechungen. Es verläuft im einprägsamen Akkord-Schema zwischen erster und fünfter Stufe der Tonleiter. Dann folgen zwei Posaunenchorusse mit imposanten Baßpassagen, ein Trompeten- und ein Klarinettenchorus. In den zwei Schlußabschnitten verwendet Kid Ory beeindruckende growl-Effekte (das heißt: rauhe, «unreine» Klänge, auch «dirty» genannt). Ein kurzes Posaunensolo und zwei robuste Schlußakkorde beenden das muntere und mitreißende Stück.

Big Butter And Egg Man vom 16. November 1926 enthält ein hervorragendes, wenn nicht sogar Armstrongs bestes Solo. Seine melodische Erfindungsgabe ist hier ohnegleichen. Die Sängering May Alix, die Armstrong als seine bevorzugte Entertainerin ansah[109], wurde aus Gründen der Komik ins Studio gebracht, um mit ihm im Duo zu singen. «Big butter and egg man» ist ein Spitzname für wohlhabende Farmer aus dem Mittleren Westen, die in Bars und Nightclubs unerkannt bleiben wollten. – Das

zweiunddreißigtaktige gesangliche Thema in G hat die Form AABA und wird vom Kollektiv vorgetragen. Die Trompete spielt eingängig die Melodiestimme. May Alix, die etwas «quäkige» Cabaret-Sängerin, trägt eine Strophe mit etwa folgendem Text vor: «I want a butter and egg man... if my dream come true!» Louis Armstrong antwortet recht amüsiert und positiv: *Hey, Hey Mama, I'm your butter and egg man... listen, baby, I'll buy you all the pretty things... hahaha, come on baby, kiss me! I'm a big butter and egg man from way down south!!!!* – Der Textteil ist spontan improvisiert und rhythmisch frei akzentuiert. Nur Klavier und Banjo begleiten. Das Trompetensolo, das nach vier Takten Pianoüberleitung folgt, ist von beeindruckender melodischer und rhythmischer Ausgewogenheit, varianten- und kontrastreich. Einige Trompeteneffekte wie Triller, Glissandi, Triolenrepetitionen geben dem Solo die passende «Cabaret-Würze». Das Stück schließt mit einem drolligen Dialog zwischen May Alix und Louis Armstrong.

Im November 1926 kaufte Columbia die Schallplattenfirma OKeh. Der neue Direktor Tom Rockwell war angeblich absolut unmusikalisch, aber jazzinteressiert, mit einer Nase für Erfolgsmusik und äußerst geschäftstüchtig. Die «Hot Seven»-Serie wurde produziert. Baby Dodds war Armstrong vom «schwimmenden Konservatorium», den River Boats, und auch von Joe Oliver her bekannt. «Baby Dodds war irgendwie wild. Er war eine Art Playboy des Orchesters», meinte Lil Armstrong.[110]

Ein berühmtes Beispiel für die «Hot Seven» mit «Break» (Unterbrechungen des Kollektivspiels) ist der *Potato Head Blues*, der am 10. Mai 1927 aufgenommen wurde. Ein «potato head» ist eine dumme Person. Das Stück heißt zwar Blues, ist aber formal gesehen kein Blues, da es der zwölftaktigen, instrumentalen Blues-Form nicht entspricht. Es ist ein Beispiel für freie Invention und Improvisation. – Auf das zweiunddreißigtaktige Thema folgen: ein sechzehntaktiges Trompetensolo, ein zweiunddreißigtaktiges Klarinettensolo, eine viertaktige Banjo-Unterbrechung, ein weiteres zweiunddreißigtaktiges Trompetensolo, der erste Teil des Themas zum Abschluß. Die Harmonik bewegt sich in einem erweiterten Kadenzraum von F-Dur, das heißt, die zweite und sechste Stufe der Tonleiter werden in die Klangfolge integriert. Die Melodik ist akkordgebunden, gelegentlich chromatisch oder alteriert. Tonrepetitionen kommen vor. Umspielungen in der Art von Varianten sind häufig. Die Tonrepetitionen sind rhythmisch differenziert gestaltet:

Die rhythmische Phrasierung ist durch off beats, Triolen, Punktierungen gekennzeichnet. Die Spieltechnik ist durch shakes (Triller), Vibratos,

POTATO HEAD BLUES

By LOUIS ARMSTRONG

growls und Glissandi bestimmt, die dem Stil eine eigentümliche Farbe und «dirty»-Tönung geben.

Kid Ory verließ Chicago vorübergehend und suchte Arbeit in New York. Nach seiner Rückkehr kamen die alten «Hot Five» wieder zusammen und produzierten wenige Blues-Titel, doch viele Stücke, die von unglücklicher Liebe, Untreue oder Unglück handelten: und solche Themen waren für das Publikum inhaltlich mit Blues identisch.

Louis und Lil behaupteten beide, das Stück *Struttin' With Some Barbecue*[111] komponiert zu haben. Es wurde am 9. Dezember 1927 aufgenommen und entwickelte sich zu einem der beliebtesten Stücke des «Hot Five»-Repertoires. «To strut» bedeutet stolzieren, «struttin' with some

STRUTTIN' WITH SOME BARBECUE

By LILLIAN HARDIN ARMSTRONG

barbecue» mit einem sexuell attraktiven Mädchen tanzen. – Dieser Titel ist ohne Zweifel von Lil Hardin-Armstrong komponiert worden. Oft stand der Vorname nicht ausgeschrieben auf den Schallplatten, sondern nur ein «L». Bei diesem Stück aber war Lils Name voll ausgeschrieben. So konnte sie später ihre Urheberrechte gegenüber Louis' Manager sichern.[112]

Struttin' With Some Barbecue ist ein flottes, fröhliches Bb-Dur-Stück im schnellen Tanz-Tempo. Es beginnt mit einem Einspiel von zwölf Takten. Das Thema wird zweimal kollektiv mit führender Trompete vorgetragen. Es ist rhythmisch und melodisch sehr ausgewogen aufgebaut, beginnt in jeder Phrase mit auftaktigen Achteln, die Aufforderungscharakter haben und zu hohen insistierenden Tonrepetitionen führen. – Eine Banjo-Überleitung führt zu den beiden Chorussen der Klarinette und Posaune im erdigen «gut-bucket-Stil». Louis Armstrong spielt zwei Chorusse Solo. Das Ensemble beschließt den zweiten Chorus vorzeitig. Armstrong beginnt hell, kraftvoll und klar die erste Attacke. Die einfallsreichen rhythmischen und melodischen Varianten sind wieder einmal beeindruckend und erfrischend. Das Thema wird völlig neu gestaltet. Der Tonumfang ist erheblich. Armstrong verwendet eine Reihe von Blue Notes, Zwischentönen. Die Melodie verläuft in ausgewogenen Wellenbewegungen zunächst abwärts, strebt dann einen melodischen Höhepunkt an, erreicht einen weiteren Höhepunkt, geht am Ende des äußerst lebhaften Chorusses in Triolenläufe über. Der zweite Chorus von Armstrong ist etwas ruhiger, enthält aber ein Oktav-Glissando abwärts und zahlreiche Akzentverschiebungen. Am Schluß von *Struttin' With Some Barbecue* erscheint wieder zweimal das Thema mit einer verlängerten, bestätigenden Schlußwendung. – Louis Armstrong erreicht in *Struttin' With Some Barbecue* einen Höhepunkt seiner melodischen Kreativität. Die Verwendung eines großen Tonumfangs, der hohen Register, des Anschneidens hoher Töne, der «off beats» und Akzentverschiebungen war für Armstrongs Zeit neu und ungewöhnlich.

Der *West End Blues* ist erfüllt von tiefer Melancholie und Tragik. Möglicherweise fällt der Tod von Armstrongs Mutter Mayann, mit der er seit seiner Kindheit in tiefer Liebe und Zuneigung verbunden war, in die

West End Blues—Theme

Periode dieser Aufnahme der neu gebildeten «Hot Five» mit Earl Hines am Klavier. Der *West End Blues*, der am 28. Juni 1928 aufgenommen wurde, zeugt sowohl von intensiver Ausdruckskraft als auch von struktureller Logik. Er ist berühmt wegen seiner langen, rhythmisch und melodisch äußerst differenzierten Introduktion mit den faszinierenden Trompeten-Kaskaden.

Der *West End Blues* ist der Gipfelpunkt von Louis Armstrongs früher musikalischer Entwicklung. Der gesamte Jazzstil von Louis Armstrong konzentriert sich hier exemplarisch. Durch dieses Stück kann dem Hörer klar werden, was Swing und Jazz ist.

Die Introduktion des *West End Blues* wird unbegleitet in völlig freiem Tempo doppelt so schnell wie der folgende Blues gespielt. Schon die ersten rubato und intensiv gespielten Töne zeugen von Armstrongs Meisterschaft. Besonders der Ton fis auf der vierten Taktzeit des ersten Takts hat Schlüsselfunktion: als blue note, als Leitton nach g und als akzentuierter Melodieton:

In Takt drei erfolgt ein ungewöhnlicher, spontaner Tempowechsel zur Triolenkaskade, die auf einem hohen c endet. In der zweiten Phrase der Introduktion spielt Louis Armstrong zunächst eine Sequenz, dann eine Motivwiederholung, die vom hohen b bis zur Septime as reichen. Komplexe rhythmische Figuren wie zum Beispiel Triole in Quintole erfüllen Phrase zwei. Das anschließende Bb-Blues-Thema ist von ruhiger Einfachheit. Erst ab Takt sieben wird es ausgesprochen unruhig und bewegt, geprägt von melodischer und rhythmischer Dichte. Das C-moll-Arpeggio am Schluß des Themas erinnert an die Kaskade der Introduktion. Nach dem Posaunensolo von Robinson folgt ein Klarinetten-Vokal-Duo im freien Imitationsstil, weich und klagend. Das Pianosolo von Earl Hines ist durch brillante Arpeggien und energische Akkordschläge geformt. Der Schluß-Chorus von Louis Armstrong beeindruckt durch einen langen, ekstatischen. spannungsreichen, hohen «Aufschrei», dessen quallvolle Dramatik sich kontrastreich in ausweglose Linien verläuft.

Die neuen «Hot Five» brachten für Armstrong in Earl Hines einen ebenbürtigen Klavier-Partner. «Earl Hines ist ein Spezialfall. Er wurde durch Louis und andere Trompeter bei der Entstehung eines ausgereiften Klavierstils beeinflußt. Er berichtet, wie Louis im Austausch Ideen von ihm übernahm, was sicherlich wahr ist, und gibt zu, daß Louis der einzige Instrumentalist war, der das tat, was er [Hines] auf dem Kornett spielen wollte... Ein anderer Musiker versicherte mir: ‹Natürlich war Hines ein Wahnsinnstrompeter, bis er Louis hörte und mit dem Trompetenspiel aufhörte.›» [113]

Weather Bird ist eine Komposition von Joe Oliver, ein Duo zwischen Trompete und Klavier, das gleichberechtigt zwei große Solisten nebeneinander vorstellt. Die beiden Instrumentallinien wirken wie ein Dialog. Das Stück wurde am 5. Dezember 1928 aufgenommen. *Weather Bird* wurde von Louis Armstrong bereits als zweitem Kornettisten 1923 in der «Creole Jazz Band» mitgespielt. Armstrong und Hines ergänzen sich gegenseitig genial in der Behandlung des musikalischen Materials und bewahren doch ihre künstlerische Individualität. Beide Musiker führen in ihrem Spiel immer neue, progressive Varianten ein. Earl Hines spielt Oktav-Tremoli und dichte, toccatenhafte, rhythmisch off beat versetzte Akkordschläge, die Blockcharakter haben. Louis Armstrong spielt variantenreiche Linien, die, wie fast immer, zum hohen c führen. In der Coda verdichtet sich der Dialog zwischen Trompete und Klavier immer mehr und endet in einem eintaktigen Wechselspiel.

Mit den Meisterwerken von Armstrongs «Hot Five» und «Hot Seven» war die Geschichte des Jazz in ein Stadium der Anerkennung und des Erfolgs eingetreten. Jazz war nun nicht mehr nur Honky Tonk-, Bar-, Club-, Unterhaltungs-Musik, sondern eine musikalisch anspruchsvolle Kunstform geworden. Louis Armstrong hatte sich durch eine virtuose Beherrschung der Trompete und durch einen umfassenden Ideenreichtum der Improvisationen ausgezeichnet. Er hatte die instrumentale Solotechnik, das «swing feeling», die melodischen Varianten und Spitzentöne entwickelt. Seine musikalischen Strukturen waren immer organisch gewachsen und kontinuierlich gebildet, seine Interpretationen zugleich von großer Intensität und Sensibilität. Louis Armstrong hatte seinen Beitrag zur Musikgeschichte geleistet. Seine Innovationen waren kaum zu überbieten.

Die zwanziger Jahre wurden in den USA durch einen wirtschaftlichen Aufschwung bestimmt, der auch dem Musik- und Showgeschäft zugute gekommen war. Mit dem New Yorker Börsenkrach vom 25. Oktober 1929, dem sogenannten «Schwarzen Freitag», fand diese Entwicklung ein jähes Ende. Das Tanz- und Showbusiness blühte erst allmählich in den dreißiger Jahren wieder auf. Es entstanden in Kansas City und besonders in New York große Orchesterformationen, die Big Bands des Swing-Stils.

«The Bad Big Bands»

Louis Armstrong hatte mit den «Hot Five»-Formationen um 1928 das Ende seiner ersten genial kreativen Phase erreicht. Die verschiedensten Orchester wurden nun Begleitbands für den Solostar Louis Armstrong, manchmal zusammengewürfelt, manchmal übernommen, immer überschattet von seinem großen Namen. Der Star, weniger die Band, war die Publikumsattraktion. Der Einfluß von «sweet music» im Stil von Guy Lombardo und Schmalz-Songs im Sinne des «Croonie» (Schmalzsängers) Bing Crosby wurde unüberhörbar. Die diskriminierende Bezeichnung «Bad Big Bands» durch die Kritik ist zum Teil zutreffend. Das Repertoire der Big Bands bestand tatsächlich häufig aus populären Schlagern. Die

Filmplakat, 1956

Duke Ellington

Improvisationen Armstrongs entwickelten sich auch zu Klischees. Der authentische Jazz der New Orleans-Combo-Zeit wurde durch große Show-Tanz-Swing-Orchester abgelöst.

Louis Armstrongs musikalische und Show-Business-Erfolge entsprachen weitgehend einer geänderten Ästhetik und Erwartungshaltung des amerikanischen Publikums. Louis Armstrong, der sich immer auch als Entertainer verstanden hatte, kam dem Anspruch des Publikums auf Vergnügen, Tanz und Emotionalisierung entgegen. In den gesamten USA tanzte man nach Swing-Musik und diese wurde auch erstmalig weltweit bekannt, standardisiert und kommerzialisiert, aber doch individuell und kreativ. Das Repertoire für die Bands wurde von Louis geschickt ausgewählt. Er wußte aus simplen Popsongs ansprechende Musik zu machen. Seine Jazzorchester waren nach Fletcher Hendersons Big Bands erste größere Formationen. Absolute Höhepunkte der Big Band-Entwicklung folgten später mit Count Basie und Duke Ellington. Armstrongs Begleit-

Count Basie

Bands waren in der Regel überdurchschnittlich gut, die ausgedehnten Soli des Stars meistens hervorragend.

Das Problem Kunst und Kommerz ist für den Jazz immer ein zentrales Problem gewesen. Der Jazz war – besonders während der Swing-Ära – ein Sklave des Entertainments. Man muß aber Armstrongs musikalisches Selbstverständnis berücksichtigen, der Entertainer und nicht etwa Künstler im klassischen, westeuropäischen Sinn sein wollte. Ihn kümmerte die Banalität eines Popsongs wenig. Er wollte die Menschen glücklich machen, und sein Satchmo-Lachen und Dipper-Clowning und Augapfelrollen («grinning and mugging and eyeballrolling») ist nicht von seinem Trompetenspiel und seiner rauhen Reibeisenstimme zu trennen. Alles zusammen ist weltweit zum Markenzeichen «Satchmo» geworden.

Louis Armstrong hatte eine ganze Reihe von Managern und «Bookern», unter anderen den unmusikalischen Tom Rockwell. Johnny Collins, ab 1930 sein Manager, muß ihn ausgebeutet, betrogen und bestohlen haben. Oft waren die Gangster Manager oder die Manager Gangster. Mit Al Capone allerdings kamen die Jazzmusiker nach Aussagen von Earl Hines gut zurecht – wenn sie nur bei Überfällen weiterspielten.

Joe Glaser schließlich, den Armstrong bereits 1926 als Besitzer des «Sunset Café», Chicago, kennengelernt hatte, wurde 1935 sein fester Manager und setzte sich verantwortlich für ihn ein. Satchmo vertraute ihm hundertprozentig und überließ ihm die gesamte geschäftliche Abwicklung seiner Engagements, Tourneen, Recordings, Filmproduktionen usw.

Die verschiedenen Big Bands, mit denen Armstrong spielte, hießen immer «Louis Armstrong And His Orchestra». Nie hat er die Bands selbst zusammengestellt, entwickelt, geleitet. Sie wurden oft auch nicht für ihn speziell zusammengesetzt, sondern waren die Bands anderer Orchesterchefs (Carroll Dickerson, Luis Russell, Chick Webb und anderer). Es handelt sich um sogenannte «Front Jobs» für den Star Louis Armstrong. Bei Carroll Dickerson in Chicago hatte er zunächst als «Sideman», also nicht als Leiter der Band, begonnen. Joe Glaser übertrug ihm die Band. Louis übergab Earl Hines die Leitung. Warum? – Er wollte weder organisatorische Leitung, administrative Arbeit, Management noch künstlerische Leitung, Band-Leitung usw. übernehmen. Er wollte Musik machen, Trompete spielen, das Publikum unterhalten, glücklich sein. Arrangieren, proben, eine Band zusammenhalten, dafür hatte er immer einen Direktor: Earl Hines (Klavier), Zilmer Randolph (Trompete), Joe Garland (Tenorsaxophon), Mike McKendrick (Gitarre, Banjo). Bei Problemen gingen die Musiker zu ihnen.

Die Kehrseite war: Kontrolle über seine finanziellen Verhältnisse konnte er nicht gewinnen. Seine alten Freunde aus New Orleans wie die Dodds Brothers, Kid Ory, Johnny St. Cyr konnte er nicht auf Dauer in der Carroll Dickerson-Band behalten oder weiter vermitteln, da die New Yorker Jazzszene Ende der zwanziger Jahre durch ein stark kommerzialisiertes Unterhaltungsgewerbe bestimmt wurde.[114] – «Connies Inn» war ein berühmter Harlem Club, in dem Armstrong mit der «Carroll Dickerson Band» auftrat. Harlem, New York, war um 1929 die afroamerikanische Metropole der USA. Der «Cotton Club» war ein Zentrum der von weißen Managern betriebenen zahlreichen Theater, Varietés und Clubs. Er wurde 1922 von dem jüdischen Geschäftsmann Bernard Levy gegründet und von dem Gangsterboss «Owney the Killer» (Owden Madden) gemanagt. Berühmt wurde der «Cotton Club» durch Duke Ellington und seinen «Jungle Style», der im Zusammenhang mit einem exotisch-erotischen Pseudo-Afrika-Kult vorgeführt wurde[115], der mit echter «négritude», kultureller Unabhängigkeit und afroamerikanischer Identität, wie sie der Hauptvertreter der Harlem- oder Negro-Renaissance Langston Hughes verkündete, wenig zu tun hatte. Für Pseudo-Primitivität sorgten die weißen Manager – Besitzer der Nachtclubs, die ihr weißes Publikum zu befriedigen suchten.

Im Cotton Club,
New York

Die bekannten Bands, mit denen Armstrong von 1929 bis 1932 spielte, waren: die «Carroll Dickerson Band» («Savoy Ballroom», Chicago; «Connies Inn», New York), die «Luis Russell Band» (New York, eine Touring- und Recording-Band), die «Les Hite Band» («Frank Sebastian New Cotton Club», Los Angeles), die «Zilmer Randolph Band» («Show Boat Café», Chicago) und die «Chick Webb Band» («Pear and Lincoln Theater», Philadelphia). Die «Zilmer Randolph Band» war eigens für Louis Armstrong zusammengestellt worden.

Louis Armstrong berichtet im Sommer 1929, er habe zunächst die ganze «Dickerson Band» mit nach New York genommen: *Wir waren so miteinander verbunden, daß wir uns nicht trennen wollten. Ich lieh für jeden Mann der Band und für mich 20 Dollar. Wir hatten ungefähr vier alte, schäbige Wagen. Wir quetschten uns hinein und fuhren nach New York. Unterwegs sahen wir uns vieles an, wir hielten in einer Menge von Städten, in denen man uns bereits über Radio aus dem «Savoy» in Chicago gehört hatte. Man behandelte uns königlich. Unser Geld war falsch. Wir kamen in Buffalo, New York, an und fuhren 40 Meilen weiter, um die Niagara-Fälle zu sehen. Die Hälfte der Wagen erreichte den «Apple»* (New York) *nicht. Sie brannten auf halber Strecke aus. Natürlich schnauzte mich mein Agent an, aber ich sagte ihm: ist doch egal, meine Jungs sind hier in New York, so besorg uns doch etwas zu tun! Er tat es. Wir starteten im «Connies Inn» und blieben dort sechs Monate.*[116]

Carroll Dickerson war der Bandleader und Geiger. Zur «Dickerson Band» gehörten: Buster Bailey (Klarinette), Fred Robinson (Posaune), Tubby Hall und Zutty Singleton (Schlagzeug), Darnell Howard (Klarinette und Violine), Earl Hines (Klavier) und andere. Buster Bailey spielte auch bei W. C. Handy, Fletcher Henderson und Clarence Williams.

Aus dem Jahr 1929 stammen so berühmte und bekannte Aufnahmen wie: *Ain't Misbehavin', Black and Blue, Some of these Days, When you are Smiling.* Das Stück *When you are Smiling* spielt Armstrong eine Oktave höher als notiert. Es beginnt mit einer eingängigen, sangbaren Melodie, die auf einer Sextakkordbrechung und einem D-Moll-Dreiklang aufbaut:

Der Rhythmus ist glatt und wohlgefällig, die Harmonien sind einfach, der Klang ist durch den Einsatz der Violine etwas süßlich verfärbt. Carroll Dickerson spielt Violine und erinnert an den «Syrup-Sound» von Guy Lombardo. Dem Vokalpart von Louis Armstrong liegt folgender Text zugrunde: *Lächelst du, kommt die Sonne hervor, lächle immerzu und die ganze Welt lächelt dir zu.* Die rhythmisch-melodische Gestaltung ist eng an den Text gebunden. Einige scat-Einwürfe beleben den «sweet sound». Nach einem Piano-Solo folgt Louis' Trompeten-Solo, das einige attraktive, melodische Varianten enthält, von intensiver Tongebung und Ausdrucksgestaltung ist und sehr hohe Register anspricht.

Louis Armstrong erwies sich als Master-Entertainer und Starsolist. Er begeisterte vor allem durch seine hohen Töne. Die «Dickerson Band», die sich vorher in «Louis Armstrong and his Stompers» umbenannt hatte, löste sich nach dem Engagement im «Connies Inn» auf. Alle Musiker außer Zutty Singleton, dem Schlagzeuger, zogen zurück nach Chicago.

Louis Armstrong schien an einem Alleingang in Richtung Kommerz interessiert zu sein. Außerdem hatten die Auswirkungen des Börsenkrachs vom Oktober 1929 ungeheure Dimensionen angenommen. Die Wirtschaftskrise verursachte dreizehn Millionen Arbeitslose ohne Arbeitslosenunterstützung oder Sozialhilfe, größtenteils ohne Obdach. Zu Anfang der dreißiger Jahre wurde aus Harlem, dem Mekka der afroamerikanischen Musik, ein Getto für eine arme schwarze Bevölkerung. Elend, Kriminalität, Angst und Schrecken breiteten sich aus. Die weiße, zahlungskräftige Schickeria traute sich nicht mehr vom Broadway in den

Harlem-Dschungel. Der Umsatz an Schallplatten, besonders an sogenannten «Race Records», ließ nach, da die Kaufkraft der Afro-Amerikaner rapide abgenommen hatte. Berühmte und erfolgreiche Musiker mußten aus Existenzgründen andere Jobs übernehmen. So wurde zum Beispiel Johnny Dodds Taxifahrer, Kid Ory Hühnerzüchter, Sidney Bechet Schneider.

Gleichzeitig während des Engagements im «Connies Inn» mit der «Dickerson Band» trat Armstrong in verschiedenen Shows und Theatern auf, zum Beispiel im «Lafayette Theater», im «Rockland Palace», im «Standard Theater» (Philadelphia). Berühmt ist sein Auftritt in der Show «Hot Chocolates» von Fats Waller (1904–43), die vom «LeRoy Smith Orchester» begleitet wurde. Connie und George Immermann, die Besitzer vom «Connies Inn», hatten den jungen schwarzen Jazzpianisten und Entertainer Thomas «Fats» Waller gebeten, eine neue Show zu schreiben: «Hot Chocolates». Waller spielte «stride piano», das heißt Baßtöne auf

Fats Waller

der ersten und dritten, Akkorde auf der zweiten und vierten Taktzeit, sowie Orgel. Er war Liebhaber der Orgelwerke von Johann Sebastian Bach und ein humorvoller Sänger und Komödiant. Waller war Schüler von James P. Johnson und spielte vor allem in Cabarets und Nachtclubs in New York. Er begleitete auch Bluessängerinnen wie Bessie Smith und war 1925 und 1926 im Ensemble von Erskine Tate in Chicago. Mit fünfzehn Jahren hatte er bereits seinen ersten Ragtime komponiert. Er schrieb über 400 Kompositionen: Rags wie «Handful Of Keys», «Smashing Thirds» und die Musicals «Keep Shufflin'» (1925), «Hot Chocolates» (1929) und «Load Of Coal» mit dem Stück «Honeysuckle Rose» (1929). Berühmte, viel gespielte Standards sind: «Ain't Misbehavin'», «Black and Blue», «Keeping Out Of Mischief Now», «Honeysuckle Rose». Wallers Lieblingstexter war Andy Razaf, der sich als Neffe der Königin Ranavalona III. von Madagaskar ausgab.[117]

Die Immermann-Brüder sorgten für die Ausbreitung der Show «Hot Chocolates». So kam sie aus Harlem in die Bronx ins «Windsor Theater» und dann «On Broadway». Es gab über 200 Aufführungen. Die «New York Times» schrieb am 21. Juni 1929: «Ein Song, eine synthetische, aber vollkommen vergnügliche Jazzballade, genannt *Ain't Misbehavin'*, fiel auf, und ihre Wiedergabe im Zwischenakt durch ein ungenanntes Mitglied des Orchesters war ein Höhepunkt der Premiere.»[118] Endlich war Louis Armstrong in einer Broadway-Show aufgetreten! – *Ain't Misbehavin'* ist in der zweiunddreißigtaktigen Songform geschrieben: AABA. Leadtrompete und Orchester spielen die beiden ersten Teile. Die Bridge B wird durch Violinen verstärkt, der Schlußteil A wird in einer kollektiven, heterogenen Klangmischung vom ganzen Orchester ausgeführt. Eine Klavierüberleitung führt zu Louis' Vokalpart: *Oh, Baby, I'll save my love for you*, ist intensiv wie immer gesungen bei freier rhythmischer und melodischer Gestaltung des Themas und scat in den breaks. Eine kurze Saxophonüberleitung führt zum Trompetensolo, mit überzeugenden Dreiklangsvarianten, expressiven, hohen Tönen, spannungsreichem, sequenziertem Melodieaufbau, einem Zitat aus der «Rhapsody in Blue» von George Gershwin im break und einem langen Trompeten-Unisono und Hochton am Schluß.

1929 und 1930 war Armstrong Gaststar der «Luis Russell Band». Theater-Tourneen führten unter anderem nach Washington, D. C., Baltimore und Chicago. Er machte in dieser Zeit auch eine Reihe von Schallplattenaufnahmen mit der «Russell Band»: *Rockin' Chair, St. Louis Blues, Song Of The Islands*.

Louis spielt und singt *I Can't Give You Anything But Love, Baby* mit der «Luis Russell Band» als ruhiger und zurückhaltender Begleitband. Die «Russell Band» liefert das Klangband, eine schlichte Textur im langsamen, durchgehenden four beat. Schon zum symmetrisch-periodischen Thema (AB = 16 Takte) spielt Armstrong freie Varianten mit off beat-

Phrasierung. Die Gestaltungsweise der Trompete ist frei rhythmisch und melodisch kontrapunktierend angelegt. Der Posaunist J. C. Higginbotham übernimmt ein verzierungsreiches Solo mit break. Nun kommt die Vokalpartie von Louis Armstrong. Auch diese ist frei gestaltet, gelegentlich von «Seufzern» durchsetzt. Ein kurzer scat-Einwurf: *babelabalaba!* im Stil von Bing Crosby wird von einem energischen *I like you!* abgelöst. Ein «Trompeten-break» leitet zum Trompetensolo über. Das Solo enthält viele Varianten und Läufe. Es bleibt im formalen Rahmen des Themas. Steigerung und Spannung werden gegen Ende des Solos durch ansteigende Melodielinien bis zum hohen «es» erreicht.

Die Recordings waren ebenso wie die Rundfunkaufnahmen sehr wichtig für Reklamezwecke. – Luis Russell (1902–63), geboren in Panama, spielte Klavier, komponierte, war Bandleader. 1924 war er Mitglied der «Creole Jazz Band» von Joe Oliver und leitete ab 1927 eine eigene Band in New York mit Omer Simeon und Albert Nicholas (Klarinette, Altsaxophon), Barney Bigard (Klarinette), J. C. Higginbotham (Posaune), Louis Metcalf (Trompete), Paul Barbarin (Schlagzeug) und anderen. 1935 überließ Russell seine Band Louis Armstrong und ging mit ihm einige Jahre auf Tournee. Von 1943 bis 1948 hatte er noch einmal eine eigene Band, trat aber nur noch gelegentlich in Clubs auf.

Der erste Aufenthalt Armstrongs in Kalifornien fand im Sommer 1930 statt. Sein «Booker» Tom Rockwell vermittelte den Star in «Frank Sebastians New Cotton Club», Los Angeles, als Cabaret-Solisten. Der Club lag in Culver City, gegenüber von Metro-Goldwyn-Mayer. Les Hite (Altsaxophon) und seine Band spielten im «New Cotton Club». Wenn Armstrong Stargast war, wurde die Band zu «Louis Armstrong And His Orchestra». Mitglied der Band war ein junger Schlagzeuger: Lionel Hampton (geb. 1913), den Armstrong angeblich zum Vibraphonspiel inspirierte. Das Instrument war erst in den zwanziger Jahren erfunden worden. Später, ab 1937, wirkte Hampton bei Benny Goodman mit und sollte mit seinen verschiedenen Bands noch weltberühmt werden. Anfang der fünfziger Jahre wechselte Lionel Hampton zu einem vom Rhythm 'n Blues-Stil beeinflußten Jazz. Er hat das Vibraphon im Jazz beliebt gemacht und war während der Swingzeit neben Red Norvo führend auf diesem Instrument. «Hey-Ba-Be-Rebop», «Hamp's Boogie», «Flying Home» und «Airmail Special» sind einige seiner bekanntesten Nummern. Lawrence Brown (Posaune), ein fabelhafter Melodiespieler, war ebenfalls bei Les Hite und ging später zu Duke Ellington. Berühmte Aufnahmen Armstrongs mit der «Les Hite Band» waren: *Body and Soul, Just a Gigolo, I'm a Ding Dong Daddy from Dumas, Sweethearts on Parade, Confessing that I Love you, If I could be with you one Hour Tonight.* Während dieser Zeit wurde Johnny Collins Louis Armstrongs Manager.

Guy Lombardo hatte das Stück «Sweethearts on Parade» verfaßt. Die gedämpfte Trompete wird in dem Stück von lang ausgehaltenen, dichten

Klängen mit minimalen harmonischen Verschiebungen begleitet. Das Banjo schlägt im konstanten four beat durch. Als Einleitung zum Gesangsteil von Louis Armstrong spielt das Orchester Les Hite mit kräftigem Klangaufschwung. Louis Armstrong singt: *Oh, duba, duba, all sweethearts on parade, on paraparaparades* mit einem «schmalzigen», weichen Sound. Das Trompetensolo wirkt dagegen kraftvoll, kontrastreich. Virtuose Dreiklangskaskaden, lang ausgehaltene, hohe intensive Töne und breaks wechseln miteinander ab. Ein auftaktiges, ansteigendes, militärisches Trompetensignal bildet den Schluß.

Louis Armstrong bewunderte «sweet music» im Stil von Lombardo. Sie war melodienreich und darum für ihn gute, perfekte Musik. Er hat den etwas schmalzigen Schnulzenstil von Bing Crosby imitiert.[119] Bing Crosby hatte mit Paul Whiteman und seinem Pop-Orchester trainiert.

Bereits 1928 in Chicago hörten Armstrong, Singleton und die ganze «Dickerson Band» dem Musik-Alchimisten Guy Lombardo nachmittags im «Owl Club» zu. Die einfachen, melodiösen «Pop Tunes», unterlegt mit eingängigen Harmonien und sentimentalem Ausdruck, gefielen Louis. *Die Leute fragen mich, welche meine Lieblingsband sei... und wenn ich ihnen sage Guy Lombardo, dann wollen sie mir nicht glauben. Ich war ein Lombardo-Fan, seit er in den zwanziger Jahren in Cleveland begann. Ich war gewohnt, nach meinem Job nach Hause zu eilen, um seine Rundfunksendungen aufzunehmen. Mann, solche Lombardos hielten die Musik am Leben, halfen die verdammten Bebopper zu bekämpfen. Sie sind meine Inspiratoren! Als ich meine Big Band hatte, versuchte ich immer, meine Saxophon-Section wie ihre klingen zu lassen.*[120]

In der Zeit, als die «Dickerson Band» nach Chicago zurückkehrte (1929), freundete sich Louis mit einem weißen, vom Jazz und der afroamerikanischen Kultur besessenen Klarinettisten an: Mezz Mezzrow (1899–1972). Mezz hatte im Gefängnis gelernt, Saxophon zu spielen. Er hielt sich in den zwanziger Jahren in Chicago auf, spielte unter anderem bei der «Austin High School Band», die notengetreu ganze Stücke der ODJB («Original Dixieland Jazz Band») und der NORK («New Orleans Rhythm Kings») und der «Creole Jazz Band» kopierte. Bereits 1929 war Mezz in Paris, wo er den Jazzkritiker Hugues Panassié kennenlernte. Er spielte viel in Clubs und organisierte zwischen 1933 und 1940 zahlreiche Studiogruppen mit bekannten Swingmusikern. Später gründete er die Schallplattenfirma «King Jazz» und siedelte 1951 nach Frankreich über. Vor allem wurde er bekannt durch sein Buch «Really The Blues» (1946), das seinem anspruchsvollen Titel nicht genügt, eher eine romanhafte Milieuschilderung von Drogen- und Gefängnisszenen ist, jedoch auch viele Informationen über das Leben von Jazzmusikern in Chicago und New York vor und nach der Wirtschaftskrise liefert.

Auch Armstrong war mit Drogen in Kontakt gekommen. Im März 1931, als er auf dem Parkplatz vom «New Cotton Club» eine Marihuanazigarette rauchte, wurde er von der Polizei festgenommen und ins Gefängnis von Los Angeles gebracht. Alle, Richter, Anwälte, Gefängniswärter, Polizisten kannten Louis. Er wurde bald wieder frei gelassen. Im Oktober 1934 wurde in Paris *Song Of The Vipers* (Marihuana-Raucher) aufgenommen. Das Stück durfte zunächst nicht für den Handel freigegeben werden.

1931 organisierte Zilmer Randolph für Armstrong eine Band, die im «Show Boat Café», Chicago, auftrat. Die Band tourte durch Illinois, Kentucky, Ohio und West Virginia, blieb eine Woche in Detroit (Mai 1931). Mitte Juni bekam die Band ein dreimonatiges Engagement für die «Suburban Gardens» in New Orleans und tourte danach weiter durch Dallas, Memphis, St. Louis, Chicago, Washington, Baltimore, Philadelphia («Lincoln Theater»). Im März 1932 löste Armstrong die Band auf. Zilmer Randolph spielte Trompete, arrangierte und komponierte im Swing-Stil. Er hatte an den Konservatorien von St. Louis und Milwaukee studiert. Seine Arrangements wurden von Earl Hines, Duke Ellington, Fletcher Henderson, Woody Herman und anderen verwendet. Für Armstrong arrangierte Randolph *Swing You Cats* (1933) und *Old Man Mose* (1935).

Seit 1922 war Armstrong nicht mehr in seiner Heimatstadt gewesen. «The Boy from New Orleans» kehrte nach neun Jahren wieder zurück und spielte in den nur für Weiße bestimmten «Suburban Gardens» mit der «Zilmer Randolph Band», obwohl der Ansager, wie wir bereits erfahren haben, sich nicht traute, eine schwarze Band anzusagen. Er begann mit der Erkennungsmelodie: *When It's Sleepy Time Down South*. Das Publikum raste vor Begeisterung. «Dipper», «the boy from New Orleans», triumphierte.

«When It's Sleepy Time Down South» wurde 1931 von zwei Kreolen aus New Orleans komponiert, Leon und Otis René, und zwar nach einem Dinner bei Leons Mutter, die mehrere Mitglieder des Les Hite-Orchesters eingeladen hatte.[121] Das melancholische Stück läßt an einen «Plantation Song» denken. Der Text enthält zum Beispiel «You hear the darkies sing». «Darkies» (= Nigger) hat Armstrong später durch «folks» ersetzt. War er der angepaßte «Onkel Tom», wie ihm so oft vorgeworfen wurde? Armstrong war nicht gerade konfliktfreudig und versuchte, vor allem dem Publikum zu gefallen. Die Erkennungsmelodie *When It's Sleepy Time Down South* ist über Jahrzehnte gespielt worden, vielleicht fünfzigtausendmal oder mehr in New Orleans, Chicago, New York, Los Angeles, Paris, London, weltweit auf allen Stationen von Satchmos Leben. – Die «Zilmer Randolph Band» spielt das einfache, prägnante und sehr kurze achttaktige Thema. Der Rhythmus ist durch das folgende Pattern bestimmt:

$\left(\frac{4}{4} \; \downarrow \; \downarrow \; \downarrow \; \xi \right)$

Louis plaudert vor dem sanft und zurückhaltend gespielten Thema: *Ich gehe nach Hause zurück... Ich sehe Charles Alexander* (der Pianist der Band). Das Sprechen geht allmählich wie bei den Gospelsängern in Rezitieren und Singen über: *Wenn es Zeit zum Schlafen wird unten im Süden... Dampfboote auf dem Fluß... mein Traum hält an... when it's sleepy time down South!* Das Stück endet mit dem erdig und bluesähnlich vorgetragenen Thema. Louis Armstrong spielt durchaus themengebunden mit einigen melodischen Paraphrasen und expressiven scoops (angeschnittenen Tönen).

In Memphis (1931) ereignete sich wieder ein diskriminierender Zwischenfall: Die Polizei entdeckte im Bus der «Armstrong Band» eine weiße Frau, Marry Collins, die Frau von Johnny Collins, dem Manager, nahm kurzerhand die ganze Band fest und schickte sie ins Gefängnis. Johnny Collins konnte die Musiker nach kurzer Zeit wieder befreien. Sie bekamen die Erlaubnis, einen Abend in Memphis zu verbringen und eine Radiosendung auszustrahlen. Die Show war überfüllt. Armstrong widmete dem Polizeichef von Memphis einen seiner neuesten Songs: *I'll be glad, when you are dead, you rascal, you!* Das Randolph-Orchester spielt ein einfaches sechzehntaktiges Dreiklangthema im flotten, schnellen Tempo. Im symmetrischen Wechsel erklingen Melodiestimme und rhythmische Bestätigung des Orchesters: Louis' Vokalpart ist zunächst wieder gesprochen: *Ich werde froh sein, wenn du tot bist... du bist überhaupt nicht gut!... kein gebratenes Hühnchen mehr zu essen...* und dann variantenreich gesungen. Es folgt ein forsches, kräftiges Posaunensolo von Preston Jackson mit gesprochenen Einwürfen, die wie Beschimpfungen klingen. Nach einem mit scat durchsetzten Gesangsteil erfolgt ein Trompetensolo von Zilmer Randolph mit Louis Armstrong shouting: *...was macht dich so schlecht?* Am Schluß attackiert Louis' Trompete durch hohe, scharfe Töne den *Schuft von Polizeipräsidenten.*

1932 wurde Armstrong von «Chick Webbs Band» begleitet und spielte in Philadelphia im «Pearl and Lincoln Theatre» und in Washington im «Howard Theatre». Edgar Sampson (Altsaxophon, Violine) und Don Kirkpatrick (Klavier) waren seine Arrangeure. Chick Webb (1902–39) leitete eine Zeitlang Duke Ellingtons Ensemble, gründete eine der ersten «Kammerjazzgruppen», die «Little Chicks», ein Quintett mit Klarinette und Flöte, entdeckte 1934 bei einem Amateurwettbewerb Ella Fitzgerald, die nach seinem Tod 1939 seine Gruppe drei Jahre lang weiter leitete. «Chick Webbs Band» wurde wie immer zu «Louis Armstrong And His Orchestra», wenn Louis als Star die Soli spielte. Chick Webb war der dynamischste Schlagzeuger der Swing-Ära.

Mezz Mezzrow erinnerte sich an Aufnahmen mit Armstrong und der «Chick Webb Band»: «Am 19. Dezember 1932 erhielt ich ein Telegramm von Louis' Impresario: ‹Morgen macht Louis nach der Vorstellung in Camden Grammophonaufnahmen. Bitte hinkommen.› Die ‹Head Arrangements› [Arrangements, die man im Kopf hat] wurden besprochen. Louis spielte seinen Solopart und erklärte Mezz freudestrahlend zum musikalischen Leiter. Die Spannung im Raum platzte wie ein überdehntes Gummiband. Alle lachten und lächelten mir beifällig zu. Das Blut stieg mir in die Wangen, und mir wurde ganz warm. Ich brachte kein Wort heraus... Das nächste Stück hieß ‹Hobo, You Can't Ride This Train›, und hier konnte Louis sein ganzes Genie zeigen. Er erhielt einen ziemlich dummen Text, den er nach Belieben abändern durfte... *Mezz, komm her*, sagte er, *was soll ich bloß damit anfangen? Von Hobos weiß ich ebenso wenig wie der Textschreiber.*»[122] Nun war Mezz Landstreicher gewesen und wußte, daß ein Hobo ein Tramp war, ein blinder Passagier auf Zügen. – Ein Musiker der Band erzeugte auf einem Waschbrett ein Geräusch, das sich wie Lokomotivdampf anhörte, Mezz läutete eine Eisenbahnglocke, schon war Louis in Schwung. Satchmos Textimprovisation lautete: *My, my, höre diesen Rhythmus-Zug, Junge! Jungs, ich werde alle diese Tramps bitten, unter den Waggonstangen zu hängen, sogar eine Nummer Eins und all die «cats», yeah... man! Alle unterwegs nach Pittsburgh, Harrisburgh, oh all diese burgs! Hobo, oh Hobo... du kannst nicht mit diesem Zug fahren... Nun, hör zu, Junge... du bist schließlich nicht so übel. Du bist okay, Sohn, ich denke, ich werde dich fahren lassen, heh, heh, heh...*[123]

Louis Armstrong verbrachte viel Zeit in Recording Studios. Er lieh seinen Namen vielen Bands, auch Jimmy Dorsey, den «Mills Brothers» (Schlager-Gesangsquartett mit Instrumentalimitation), den «Polynesians» und anderen – 1932, in Baltimore, während einer Tournee mit Chick Webb, bekam Louis große Lippenschwierigkeiten und spielte trotzdem mit blutenden Lippen bis zum Ende des Konzerts. «Er begann zu blasen, spielte sich das Herz aus dem Leibe, und die Töne, die aus seinem wunden Mund hervorvibrierten, klangen wie eine müde Seele auf einsamer Straße; der ganze Schmerz der Welt schien auf seinen gebeugten Schultern zu lasten, und es war, als weinte er um Erleichterung. Alles Herzeleid des Lebens der Farbigen drang aus seinem Instrument. Jeder wußte, daß die Trompete, so oft sie seine Lippen berührte, für ihn ein glühendes Eisen war... Chick Webb benutzte seine ganze meisterhafte Taktik am Schlagzeug, trommelte und schlug seine Gefühle für Louis heraus, gab ihm alle Unterstützung... derweil ihm die Tränen übers Gesicht strömten. Die Lichter wurden rot und blau gedämpft, weil der Impresario nicht wollte, daß die Zuhörer sahen, wie alle weinten.»[124]

Auch mit seinen Stimmbändern bekam Armstrong größte Schwierigkeiten. Er unterzog sich zwei Operationen: 1936 in New York, 1937 in Chicago.[125] Seine Stimme wurde immer rauher, aber gerade dieser rauhe, expressive und intensive «Reibeisenton» wurde zu seinem Erkennungs- und Erfolgszeichen.

Europa

Ich werde England und seine Leute nie vergessen, die so nett zu mir waren. Ich habe eine Menge Erinnerungen, zum Beispiel an Nat Gonella[126]*, der mir meine Hosen bügeln ließ, so daß ich die Zeitungsleute treffen konnte. Ich traf Hugues Panassié*[127] *und all diese Menschen in ganz Europa, sie hatten überall Rhythm Clubs. Bevor ich wußte, wo ich war, hatte ich dreizehn Aufführungen hinter mich gebracht.*[128]

Die europäische Jazzszene umfaßte 1932 eine Menge Schallplatten-Fans und zahlreiche Rhythm Clubs. Die Schallplatten-Fans hatten – wie auch heute noch im Jazz-, Rock-, Pop-Bereich – ihre Lieblinge. Die Klangproduktionen der Firmen Gennett, Victor, OKeh, Brunswick, Decca usw. hatten einen respektablen Verbreitungsgrad in Europa zu verzeichnen. Nach Louis' Aussagen soll besonders das Stück *You Rascal, You* in England bekannt gewesen sein.[129] Die Rhythm Clubs oder Hot Clubs verbreiteten mit entsprechenden Zeitschriftenausgaben zahlreiche Informationen zum Jazz und zu Jazzmusikern. (Bereits 1919 war die «Original Dixieland Jazz Band» mit Nick LaRocca in England gewesen.) In England und Schottland gab es ca. 50 Jazzclubs, vereint in der «British Rhythm Club Federation». Die Zeitung der Federation hieß «Swing Music». Die bekannte Zeitschrift «Melody Maker» wurde von Dan Ingermann herausgegeben. Einer der Journalisten war John Hammond, einer der großen Förderer des Swing-Ära-Jazz, der auch für die britischen Zeitschriften «The Grammophone» und «Rhythm» schrieb. Der amerikanische Armstrong-Biograph Collier bestreitet allerdings die Existenz von Jazzclubs in Europa vor dem Zweiten Weltkrieg. Er beruft sich auf ein Interview mit englischen Jazzmusikern und behauptet, die ersten Jazzclubs in Europa seien erst Ende der vierziger Jahre entstanden.[130]

In Frankreich existierten die «United Hot Clubs Of France» mit der Zeitschrift «Hot Jazz», die von Charles Delaunay herausgegeben wurde. Hugues Panassié war der Präsident des «Hot Club de Paris» und der Präsident der International Federation, deren Generalsekretär Marshall W. Stearns war.[131] Der belgische Autor Robert Goffin hatte 1932 sein Buch «An den Grenzen des Jazz» mit einer Widmung für Louis Armstrong, «den wahren König des Jazz», herausgebracht. Hugues Panassié schrieb 1934 «Jazz Hot, dargestellt durch Louis Armstrong». Nach Satchmos

Auffassung hatten die europäischen Jazzfans, Jazzclubs und Jazzautoren bereits damals viel für den Jazz getan.

Daß die Europäer, besonders Intellektuelle, seinerzeit den Jazz höher einschätzten als die Amerikaner, hält Collier für einen Mythos. Die Veröffentlichungen von Goffin und Panassié hat er als «Pfusch bzw. Fehlinformation» abgetan.[132] Robert Goffin schrieb: «Es war unbegreiflich für sie [die Amerikaner], daß eine Rasse, auf die sie herabblickten, möglicherweise zu einer unsterblichen Kunstform ihres Landes beigetragen hatte... die europäischen Kritiker zeigten den amerikanischen Jazzfans den Weg.»[133]

Es gab einige Gründe für das größere Jazzverständnis in Europa. Außer in Nazi-Deutschland waren die existentiellen Bedingungen für Schwarze in Europa besser. Sidney Bechet fand zum Beispiel eine neue Heimat in Paris. Gute Hotels und Restaurants konnten in der Regel ohne Schwierigkeiten aufgesucht, die öffentlichen Transportmittel ohne diskriminierenden Verweis benutzt werden. Kontakte mit Europäerinnen waren nicht verboten. Es gab keine Lynchjustiz und keinen Kuklux-Clan. Angehörige höherer Klassen in Europa, sogar Herzöge und Könige, bewunderten häufig den Jazz und seine Musiker, während in den USA die Diskriminierung der Afro-Amerikaner weitgehend anhielt und der Jazz eine Katakombenexistenz führen mußte. Erst 1938 wurde die berühmte und ehrwürdige Symphonie-Konzerthalle Carnegie, New York, zum erstenmal für ein Jazzkonzert mit Benny Goodmans Combo und schwarzen Solisten wie zum Beispiel Lionel Hampton zur Verfügung gestellt. Die amerikanischen Konservatorien waren noch bis in die vierziger Jahre und später dem Jazz gegenüber ablehnend eingestellt.

Jazzclubs entstanden ab 1935 auch in den USA: die «United Hot Clubs of America». Präsident war John Hammond, ihr Generalsekretär: Marshall W. Stearns, ihr Ziel: «der universale Fortschritt der Swing-Musik», dem arrangierten Jazzstil der dreißiger Jahre.

Louis Armstrong schrieb 1936 über den Swing: *Swing-Musik ist einer der einzigartigen amerikanischen Beiträge an die Welt. Die Tatsache, daß sie wie unsere Dichter Walt Whitman und Edgar Allan Poe zuerst wirklich außerhalb der USA geschätzt wurde, trägt zu unserer Verpflichtung bei, sie zu studieren und zu Hause das Verständnis für sie zu verbreiten. Wie die Wolkenkratzer bleibt sie typisch amerikanisch. Ich denke, das ist wahr, und ich habe selbst gesehen, was Europa von unserem hausgemachten Swing hält.*[134]

High Seas And High C's heißt ein Kapitel aus Armstrongs Buch *Swing That Music*: mit den hohen Trompetentönen über die hohe See, den Atlantik, nach Europa. Am 14. Juli 1932 kam Armstrong in England an. Er hatte den Atlantik mit dem Schiff «SS Majestic» überquert und wurde im Londoner «Ambassador Hotel» königlich empfangen. Bereits am 18. Juli 1932 war das erste Konzert im Londoner «Palladium» angesetzt. Also war sehr wenig Zeit zum Proben. Außerdem waren bis zur Ankunft weder Hotels gebucht noch eine Band zusammengestellt worden. Jack Hylton, der europäische Paul Whitman (Bandleader jazzbeeinflußter Unterhaltungsmusik), sollte diese Aufgabe übernehmen. Es wurde ein Orchester mit Jazzmusikern aus Paris zusammengestellt, unter anderen mit einem alten Bekannten von Louis: Peter du Congé aus New Orleans.

Louis war auf der Bühne ein Bündel an Energie. Er verhielt sich auch immer wie ein Clown und Entertainer. Das europäische Publikum war begeistert, aber es gab auch Kritik: Satchmos Bühnenauftritte seien roh und primitiv. Der «Melody Maker» schrieb: «Spitzen F's sprudeln überall im Raum umher, und er verpaßt nie eins. Er ist außerordentlich vernarrt in die Triller, welche er ausführt, indem er das Instrument wild mit der rechten Hand schüttelt... Er arbeitet mit einem Mikrofon und Lautsprechern... außer für sein Trompetenspiel, das von einem wirklichen Flüstern bis zu einer Stärke variiert, die ein Dach abdecken könnte... Wäh-

Entertainer «Satchmo»

rend er singt, hat er die ganze Zeit ein Taschentuch in der Hand und wischt sein Gesicht ab – Schweiß tropft kräftig von ihm herab. Er steckt in seine halbstündige Aufführung so viel Energie, wie sie einen Durchschnittsmenschen einige Jahre kosten würde. Kurz gesagt, er ist ein einzigartiges Phänomen, eine elektrische Persönlichkeit – einfach die größte, die uns Amerika seit langem geschickt hat.»[135]

Nach dem «Palladium»-Auftritt am 18. Juli 1932 gab es nur noch eine Konzerttour nach Glasgow, Nottingham, Liverpool. Im November 1932 fuhr Armstrong auf der «SS Majestic» wieder zurück nach New York und brachte außer den hervorragenden Eindrücken von Europa und seinem triumphalen Erfolg den Spitznamen «Satchmo» mit nach Hause. Ein kurzer Aufenthalt in den USA war angefüllt mit Schallplattenaufnahmen, Radiosendungen, Shows, manchmal bis zu sieben Aufführungen pro Tag. Louis Armstrong litt wegen ständiger Überanstrengung unter schweren Lippenproblemen. Anfang 1933 stellte Zilmer Randolph erneut eine Touring-Band für Louis Armstrong zusammen, in der auch Teddy Wilson (Klavier) mitwirkte.

Ende Juni 1933 fuhr Armstrong auf dem Schiff «Homeric» zum zweitenmal nach Europa. Sein erster Auftritt erfolgte am 5. August 1933 im «Holborn Empire», London. Nach dem «Holborn»-Engagement schickte Louis seinen Manager Johnny Collins endgültig weg. Collins hatte sich nicht um die grundlegenden Aufgaben eines Managers gekümmert: Bands, Touren, Recordings usw. zu organisieren. Er war ein absolut verantwortungsloser Ausbeuter, behandelte den Musiker Armstrong wie eine Ware, wie einen Nigger und war nur an dessen Geld interessiert. Vor einer der verschiedenen Shows verlangte Collins die Gage in bar: «Kein Geld, kein Louis!» Der verblüffte Veranstalter versuchte, den Manager mit einem Scheck zu beruhigen, sah sich aber dann gezwungen, das soeben kassierte Bargeld in riesigen Kleingeldmengen vorzulegen.[136] Als Armstrong darüber hinaus erfuhr, daß Collins seine Steuern nicht bezahlt zhatte, den Unterhaltsansprüchen seiner Frau nicht nachgekommen war und unbezahlte Rechnungen über große Summen hinterlassen hatte, war der Bogen endgültig überspannt. Armstrong feuerte Johnny Collins, mußte dann aber noch erleben, daß Collins seinen Paß entwendet und Ende Januar 1935, zurück in New York, ein gerichtliches Auftrittsverbot für ihn erwirkt hatte.

Der englische Bandleader Jack Hylton (Swing und Tanzmusik) wurde vorübergehend Armstrongs Manager und kümmerte sich in verständnisvoller und kompetenter Weise um den geprellten Star, dessen Konzertauftritte und Shows. Armstrong betont in *Swing That Music*, daß er auch selbst als Manager und Bandleader tätig war. *Ich brachte einige unserer besten Männer wieder von Paris herbei und agierte als Manager und auch als Leiter der Band.*[137]

Ein Konzert zusammen mit dem Tenorsaxophonisten Coleman Hawkins in London soll Armstrong nach Collier abgelehnt haben.[138] Hawkins hatte lange beim Orchester Fletcher Henderson gespielt und war einer der größten Solisten der Swingzeit. Er tourte in England als Star-Solist unter der Leitung von Jack Hylton. In einem Brief schrieb Louis viele Jahre später: *Hawkins war mit Jack Hylton zusammen, eine bedeutende Persönlichkeit, so wie ich. Es scheint, als ob Hawkins dachte, ich sei nicht bedeutend genug, um mit mir ein Konzert zu veranstalten oder gemeinsam zu buchen. Er und seine Manager, wer sie auch immer waren, taten nichts, als das Konzert mir gegenüber zu erwähnen. Das war alles, was passierte. Später, als ich Hawkins in New York City traf, waren wir so froh, einander zu sehen – wir erwähnten England überhaupt nicht. Sehen Sie, es war von Anfang an alles große Scheiße.*[139]

Es folgten Konzert-Tourneen durch Dänemark, Schweden, Norwegen, Holland. In Kopenhagen versammelten sich 10000 Menschen am Hauptbahnhof. Einige Leute durchbrachen die Polizeiketten. Armstrong hatte Angst, überrannt zu werden, und rettete sich in ein bereitstehendes Auto. Eine große Parade und eine große mit Blumen geschmückte Trompete

Mit Coleman Hawkins

Mit seiner dritten Frau Alpha

gehörten mit zum Empfang durch die dänische Bevölkerung. Auch in Stockholm fanden sich wieder riesige Menschenmengen ein. Armstrong trat am 28. September 1933 im «Auditorium» auf, unter anderem mit den Titeln: *You Rascal You, Chinatown* und *On The Sunny Side Of The Street*. Seine Gruppe nannte sich in Stockholm «Louis Armstrong And His Harlem Band». In Oslo fand ein Auftritt in der größten Konzerthalle statt. Armstrong fuhr schließlich quer durch Nazi-Deutschland nach Holland und im Dezember 1933 zurück nach London, wo er Konzerte für den Prince of Wales und Prince George gab.

1934 hielt sich Armstrong zum erstenmal in Paris auf und genoß mit Alpha, die von 1938 bis 1942 seine dritte Frau war, das Pariser und Londoner Luxus- und Nachtleben. Das Interesse Alphas an der Person Louis Armstrong und seiner Musik war gering. Alpha Smith war ein hübsches Chorgirl mit einem Hang zum Luxus, zu Schmuck und zu Pelzen. Louis kaufte sich am Ende mit 250 Dollar monatlicher Unterhaltszahlung frei. Alpha bekam auch einen Pelzmantel im Wert von 10 000 Dollar und einen Cadillac. – Armstrong gab nach längeren Ferien zwei Konzerte in der «Salle Pleyel», wo bereits Cab Calloway und Duke Ellington vor ihm aufgetreten waren. Es folgten im Oktober 1934 Aufnahmen mit der Firma Brunswick in Paris, zum Beispiel mit dem Revue-Song und Erfolgsstück *On The Sunny Side Of The Street*, dem «St. Louis Blues» und dem «Tiger Rag». *On The Sunny Side Of The Street* ist charakterisiert durch ein gefälliges Thema mit folgendem beliebten und eingängigen Motiv:

Das Stück steht in der zweiunddreißigtaktigen Songform. Louis' Trompetensolo beginnt mit klaren Quartsignalen und entwickelt sich elegant und souverän bei ausgewogener Phrasierung der Motive und bewußter Hinführung zum hohen Register. – Die Begleitmusiker waren mittelmäßig begabt und scharten sich um den bereits 1932 aus den USA nach Europa übergesiedelten Pianisten Herman Chittison. Touren führten Louis von Paris nach Belgien, in die Schweiz, nach Italien. In Turin trat er vor der Kronprinzessin Italiens auf. Sein französischer Manager war nun N. J. Canetti.

Laut James Lincoln Collier lehnte Armstrong es ab, mit Django Reinhardt (1910–53, Zigeunergitarrist, erster europäischer Jazzmusiker) in Paris aufzutreten, der Armstrong verehrte und sich um so mehr verletzt fühlte.[140] Im Gegensatz hierzu vermerkt John Chilton: «Bricktop, die berühmte Cabaret-Inhaberin, rief an, um zu sagen, Louis sei in ihrem Lokal. Natürlich setzten Django und ich uns sofort in Bewegung, und ein einziges Mal in meinem Leben hörte ich Louis, nur von Djangos Gitarre begleitet, singen. Da gab es keine Diskussion darüber, in welcher Tonart sie spielen oder welche Stücke sie auswählen würden. Louis fing an, und Django folgte ihm mit einem Augenzwinkern. Es war eine Offenbarung für mich, und wir waren alle überwältigt.»[141]

Im Januar 1935, nach achtzehn Monaten Europa-Aufenthalt, kehrte Armstrong auf der «Champlain» nach New York zurück. Der Star war ohne Manager, da er ihn wegen fortgesetzter Ausbeutung weggeschickt hatte. Er bekam kein Engagement mehr und hatte ein schweres Lippenleiden. Der Arzt riet zu sechs Monaten Konzertunterbrechung.

Joe Glaser wurde 1935 Louis Armstrongs Manager. Louis hatte ihn bereits 1926 als den Besitzer des «Sunset Café» mit der «Carroll Dickerson Band» in Chicago kennengelernt. Joe Glaser kannte das Chicagoer Gangster- und Entertainer-Milieu, die South Side mit ihren Cabarets, Schmugglern, Huren, Jazzmusikern. Er war ein versierter, hartgesottener, ausgekochter Geschäftsmann und kannte sich im show business aus.

Django Reinhardt

Glaser war auch Autoverkäufer, Box-Manager, Zuhälter, also «mit allen Wassern gewaschen»[142]. Andererseits war Joe Glaser ein großherziger Mensch und empfand Zuneigung, wenn nicht Liebe für Louis. Joe wurde Louis' bester Freund. Der Macher und der Musiker schlossen sich zusammen. Ohne Glaser hätte Louis vielleicht wie Joe «King» Oliver geendet. Glaser machte aus Armstrong den großen Star, den Entertainer, der das Publikum durch Lachen, Singen, Spielen zu Begeisterung und Glückseligkeit brachte. Dabei war es 1935 noch sehr schwierig, einen «Nigger» zu managen. In den USA war es sogar schwierig, in weißen Restaurants zu essen, in weißen Hotels zu schlafen, die Toiletten von weißen Tankstellen aufzusuchen. – Billie Holiday zum Beispiel mußte, um mit dem weißen Orchester Artie Shaw auftreten zu können, monatelang Hintereingänge benutzen. Dem Publikum der «Count Basie Band» hingegen schien Billies Hautfarbe zu hell zu sein. Sie mußte schwarze Schminke auflegen.

Der lippenkranke, von allen Managern verlassene Armstrong telefonierte aus New York mit Joe Glaser: *Ich möchte mit niemandem außer Ihnen zusammen sein. Bitte, Mr. Glaser, nur Sie und ich. Sie verstehen mich, ich verstehe Sie.* «Und ich sagte: Louis, you're me and I'm you. Ich versicherte sein und mein Leben für je 100000 Dollar. Louis wußte es noch nicht einmal. Ich gab alle meine anderen Geschäfte auf, und wir machten uns zusammen auf den Weg.»[143]

In der Zeit von 1935 bis 1947, nach den ersten beiden Europa-Reisen und bis zur Gründung der «All Stars», bereiste Armstrong die gesamten USA, von Norden bis Süden, von der East Coast bis zur West Coast, gab zahlreiche Konzerte und machte viele Schallplattenaufnahmen. Außerdem entstanden bekannte, publikumswirksame Filme: «Pennies From Heaven» mit Bing Crosby (1936), «Artist and Models» (1937), «Every Day Is A Holiday» mit Mae West und «Going Places», in dem Louis für

Joe Glaser

Ella Fitzgerald

ein Pferd «Jeepers Creepers» sang (1938), «Cabin In The Sky» (1943), «New Orleans», zusammen mit Kid Orys Jazzgruppe (1947).

Der Big Band-Swingstil entwickelte sich in den dreißiger Jahren vor allem aus den Dance Bands. Es handelte sich um ausgeschriebene Orchester-Arrangements im four beat-Rhythmus im Gegensatz zu den freien two beat Kollektiv-Combos der New Orleans-Zeit. Trompeten-, Posaunen- und Saxophonsätze bildeten den homogenen Backgroundklang für die improvisierenden Solisten. In New York, der Jazzstadt Nr. 1, spielten die Bands von Cab Calloway, Luis Russell, Chick Webb, Fats Waller. In Kansas City entwickelte sich ein orchestraler Jazz mit der Rifftechnik eines Benny Moten und Count Basie. Der Swingstil war weit entwickelt und galt als neue, ungewohnte Musizierform, als Benny Goodman 1935 im «Palomar Ballroom», Los Angeles, auftrat. Benny Goodman, der «King Of Swing», versuchte, sich dem Publikumsgeschmack anzupassen. «Tänzer haßten die ‹hot numbers›, und obwohl Goodman versuchte, die

Musik ihren Wünschen anzupassen, war die Band nicht wirklich darauf eingestellt, die gewünschte Syrup-Musik zu spielen. In Denver erbaten sich die Tänzer tatsächlich ihr Geld zurück. Es war, sagte Goodman später, die demütigendste Erfahrung seines Lebens.» [144]

Weitere berühmte und beliebte Swing-Bands waren die von Glenn Miller, Jimmy Dorsey und Tommy Dorsey, Harry James.

Von 1935 bis 1946 dauerte Armstrongs Decca-Swing-Periode. Der Firmenchef von Decca bestimmte das größtenteils kommerzielle Repertoire: Pop Songs und Schlager. Armstrong spielte mit vielen Bands, auch mit weißen. *Swing That Music* und *What Is This Thing Called Love!* sind zwei der zahlreichen Erfolgstitel der Louis Armstrong-Swingzeit. Dan Morgenstern bezeichnet *Swing That Music* als Meisterwerk; Collier widerspricht dem entschieden. [145] 1946 entstanden auch erste Aufnahmen mit Ella Fitzgerald, wie zum Beispiel das beliebte und viel gespielte «Summertime» aus der Oper «Porgy and Bess» von George Gershwin.

Eine kurze Horneinstimmung beginnt mit dem Terzmotiv: *Summertime*. Streicher und Glocken vermitteln eine sanfte und zärtliche Atmosphäre. Louis' Trompete spielt klar und intensiv, frei rhythmisch akzentuiert das Thema in den Streicherbackground hinein. Das Streichorchester hat zugleich Background- und Partnerfunktion und spielt äußerst einfühlsam und dynamisch wirkungsvoll. – Ella Fitzgerald singt mit warmer, voller Tongebung und leichter motivischer Veränderung den bekannten Text. Die Streicher und Bläser spielen das rhythmisch prägnante swingende Motiv:

und leiten zu Louis' Gesang über. Es entsteht eine gelungene Synthese aus symphonischem Klang und Jazzsound: «Third Stream Music». Streicher, Bläser, Glocken spielen eine weitere Überleitung, die zum Gesangsdialog von Ella und Louis führt. Er ist frei improvisiert mit scat- und shouting-Einlagen: *oh, yeah!* Imitationen und call-response-Formen, erfüllt von Glücksgefühl, werden getragen von einem «Streichermeer» voller Klangdichte. – Gershwins Musik ist keine «Syrup-Musik» wie die Guy Lombardos, sondern eine gelungene Symbiose aus europäischer Symphonik und Jazz.

Louis Armstrong spielte auch schon in seiner Chicagoer Zeit four beat-Swing-Rhythmen und trat als Solist aus dem New Orleans-Kollektiv frei improvisierend hervor. Es war für ihn immer von großer Bedeutung, spontan, ideenreich und abweichend von der festgelegten Partitur zu spielen. Sein persönliches Feeling stand im Mittelpunkt der wie auch immer stilistisch geprägten Musik. Louis Armstrongs Musik besaß immer die jazztypische rhythmische Spannung, die man «swing» nennt, auch wenn es sich um durcharrangierten Swing handelte.

Die «All Stars»

Die «All Stars» zu gründen war Joes Idee. Schließlich ist er der Mann, der mich während meiner gesamten Karriere geführt hat. Da es von dem Mann kommt, den ich liebe, den ich kenne ... war es für mich kein Problem zu wechseln. Ich sorgte mich nicht darum, wem es gefiel oder nicht gefiel. Joe Glaser gab die Anweisungen, und niemand sonst war für mich von Bedeutung. Sie sehen, ich wußte, er kümmerte sich um mein Leben in der Musik. Er bewies es auf viele Arten.[146] Louis vertraute Joe und fügte sich seinem totalen Management.

Joe Glaser muß die neue Musik-Business-Situation nach dem Zweiten Weltkrieg gekannt haben. Tatsächlich waren kleinere Bands viel kostengünstiger und einige wenige große Stars viel einfacher zu managen. Das Ende der Swingzeit mit den arrangierten Big Bands wurde auch durch die neuen Jazzstile wie dem hektischen, vom Achtel-Noten-Beat bestimmten Bebop und den in der Tongebung verhaltenen, ausgeglichenen Cool Jazz bestimmt. Beide Stile wurden vor allem durch kleine Combobesetzungen realisiert. Die jungen schwarzen Musiker fühlten sich Anfang der vierziger Jahre durch die Organisation der fast anonymen Swingbands in ihrer Persönlichkeit und Kreativität eingeengt. Die Bands wurden kurzfristig zusammengestellt und oft nach kurzer Zeit wieder aufgelöst. «King Of Swing» Benny Goodman äußerte sich dazu: «Bei meinen ersten Bands ... da war jeder einzelne eine Persönlichkeit, verstehen Sie (Bunny Berigan, Harry James, Jess Stacy, Harry Goodman), doch jetzt kann es durchaus passieren, daß ich zwei Monate brauche, um mir den Namen eines neuen Mannes zu merken. Man könnte sagen, daß sich ein Musiker erst einmal bewähren muß oder daß er sich selbst einen Namen machen muß, ehe ich mir merke, wer er ist.»[147]

Das eingeschränkte Swing-Repertoire, die Standardharmonien, der durchgehende four beat wurden für die jungen kreativen Bebopper zu beengend.[148] Ein neues Repertoire, schnelle «untanzbare» Tempi, erweiterte Harmonien, Alterationen, komplexe Rhythmen mit off beats und Akzentverschiebungen wurden verwendet. Den Bepoppern war die Swingmusik zu langweilig, angepaßt, wenig originell. Die arrangierte Tanzmusik der Swingzeit ließ zu wenig Raum für individuelle, spontane Improvisation.

Benny Goodman

Auch die politische und soziale Lage hatte sich in den USA während des Zweiten Weltkriegs verändert. In Europa kämpften zahlreiche schwarze GIs für Freiheit und Demokratie und gegen den Rassismus. Die Erkenntnis der diskriminierenden Situation im eigenen Land führte zu einer radikalen Bewußtseinsveränderung mit Unruhen und Aufständen in den Gettos einiger amerikanischer Großstädte, wie zum Beispiel in Harlem, New York. Der politische Protest hatte seine Auswirkungen auch auf die musikalische Spielweise der Afroamerikaner. Der angepaßte, eingeschränkte Swingstil wurde abgelehnt. Das Clowning, Entertaining und «Tomming», auch des Publikumslieblings Satchmo, wurde verachtet. «Onkel Tom», die Titelfigur des Romans «Onkel Toms Hütte» von Harriet Beecher Stowe, war der Inbegriff des gutmütigen, angepaßten Negers, der sich von den Weißen ausbeuten ließ und immer gute Miene zum bösen Spiel machte.[149] Die Nachkriegssituation war politisch, sozial und musikalisch völlig neu. Dizzy Gillespie erklärte Satchmos Verhalten aus dessen Psyche: Satchmo wollte keinen Ärger, auch nicht wegen rassischer Diskriminierungen. Gillespie schrieb in seiner Autobiographie: «Ich kritisierte Louis wegen anderer Dinge, zum Beispiel wegen seines ‹plantation image›. Wir schätzten das nicht an Louis Armstrong... Später begann ich, Pops Grinsen in das Gesicht des weißen Rassismus als seine absolute Ablehnung zu erkennen, durch irgend etwas, sogar durch Ärger über Rassismus, sich seine Lebensfreude stehlen zu lassen und sein phantastisches Lächeln auszulöschen. Da ich aus einer jüngeren Generation stammte, urteilte ich falsch über ihn.» [150]

Parallel zur Bebop-Bewegung bestand die populäre Unterhaltungsmusik weiter mit Sängern wie zum Beispiel Bing Crosby und Frank Sinatra. Auch Blues und Boogie gelangten wieder zu Beliebtheit bei Publikum und Musikindustrie. Außerdem ergab sich in den vierziger Jahren ein «Dixieland Revival» mit Kid Ory an der West Coast, das seine Ursache vermutlich in der schwierigen Rezeption der avantgardistischen Bebop-Klänge und -Rhythmen hatte. Der Publikumsgeschmack wandte sich wieder dem einfachen New Orleans-Stil zu. Auch war der Swing-Stil mehr und mehr verflacht, und Jazzpuristen entdeckten aufs neue die ursprünglichen, traditionellen Formen des Jazz. Es ist zu vermuten, daß der Film «New Orleans» später ebenfalls zur Wiederverbreitung des Dixieland-Stils beigetragen hat: die Darstellung der rauchigen «Tonks» mit Huren und Jazzmusikern, die Aufzeichnung der «funerals» (Begräbnisse) mit den «verjazzten» Hymnen, Louis Armstrongs Jugend im «Waif's Home» und in Black Storyville.

Louis Armstrong hatte bereits am 27. Mai 1940 bei Decca/Brunswick in New York in kleiner Besetzung Aufnahmen gemacht, zum Beispiel *219 Blues, Perdido Street Blues, Down In Honky Tonk Town, Coal Cart Blues*, entweder in siebenfacher (Zweite «Hot Seven») oder nur in vierfacher Besetzung («Hot Four»), jeweils mit dem Klarinettisten Sidney Bechet. Alle Titel erinnern an das musikalische Milieu in New Orleans. – Armstrong hatte am 18. Januar 1944 die Gelegenheit, beim «First Esquire All American Jazz Concert» im New Yorker «Metropolitain Opera House» aufzutreten. Von den späteren «All Stars» spielten mit: Jack Teagarden, Barney Bigard, Sidney Catlett. Zur Aufführung kamen unter anderem *I Can't Give You Anything But Love, Baby, Basin Street Blues, Muskrat Ramble, The Blues*. Das sowohl musikalisch als auch kommerziell äußerst erfolgreiche «Town Hall Concert» (New York) vom 17. Mai 1947 mit unter anderen Jack Teagarden (Posaune, Gesang) und Sidney Catlett (Schlagzeug), zwei späteren «All Stars», stellte einen «neuen, alten» Armstrong vor, der im Stil einer «New Orleans-Hot Five-Renaissance» Stücke wie *Cornet Shop Suey, Big Butter and Egg Man* und *Struttin' With Some Barbecue* spielte.

Die Gründung der «All Stars» erfolgte im Sommer 1947. Armstrong war erstens ein populärer Sänger und trotz oder sogar wegen seiner rauhen Stimme ein Publikumsliebling, zweitens als Jazzmusiker durch

Louis Armstrong mit seinen «All Stars»

Schallplatten, Radiosendungen, Filme usw. bekannt. An der Spitze der «Down Beat»-Umfragen stand allerdings 1946 Duke Ellington. Louis Armstrong wurde nicht einmal erwähnt.[151] 1952 hingegen, fünf Jahre nach der Gründung der «All Stars», war er an der Spitze der Down Beat Polls, Duke Ellington an zweiter, Glenn Miller an vierter und Bach an siebter Stelle.

Der erste offizielle Auftritt der «All Stars» fand am 13. August 1947 in «Billy Bergs Club», Hollywood, statt. Die Besetzung war: Jack Teagarden (Posaune), Dick Carey (Klavier), Barney Bigard (Klarinette), Marty Korb (Baß), Sidney Catlett (Schlagzeug). Jack Teagarden hatte vorher eine eigene Band geleitet, Barney Bigard hatte bei Duke Ellington gespielt, Sidney Catlett war von 1938 bis 1942 Mitglied des «Louis Armstrong Orchestra» gewesen. Von 1949 bis 1954 spielte der Schlagzeuger Cozy Cole bei den «All Stars», von 1948 bis 1951 Earl Hines Klavier, Marty Korb wurde bald durch den Bassisten Arvell Shaw abgelöst. Die Besetzung war mit je drei Melodie- und Rhythmusstimmen einer New Orleans-Besetzung vergleichbar. Zur Premiere der «All Stars» in Hollywood kamen Berühmtheiten wie Benny Goodman, Woody Herman, Hoagy Carmichael und andere.

Die «All Stars» traten dann in der «Civic Opera», Chicago, der «Town Hall», New York, und der «Boston Symphony Hall» auf und residierten zum Jahresende und Anfang 1948 wieder in Hollywood bei Billy Berg. Die «All Star»-Gruppe war eine Hit- und Erfolgsgruppe, Armstrong ein exzellenter Entertainer und «melody maker», Sänger und Spaßmacher. Trotz Personalwechsels blieb der Erfolg den «All Stars» bis zu Armstrongs Tod treu.

Der Bericht eines begeisterten Journalisten schildert den individuellen Spielstil der «All Stars»: «Die Magie von Hines' Klavier wirkt entspannt und leicht; die wohlklingenden Töne von Teagardens Posaune bilden eine Klangschicht unter der Trompete; die hervorragend kontrollierte Klarinette von Bigard beginnt, Punktierungen und Varianten einzubringen. Catlett spielt einen gleichmäßigen beat, rührt manchmal den Trommelrand oder schlägt die Becken... Viele Trompeter sind fähig, in den hohen Registern zu spielen. Viele Jazztrompeter können ein hohes F oder ein hohes G spielen, aber mit Erdrosselungseffekt. Armstrong erreicht diese Töne mit einem runden, zupackenden, kontrollierten Wohlklang, erreicht sie mit derselben Schnittigkeit, die er jedem Ton gibt. Die ‹All Stars› unterstützen ihn mit Erfindungsreichtum.» [152]

Nach der ersten großen USA-Tournee durch Chicago, Boston usw. traten die «All Stars» im «Roxy Theater», New York, auf. Armstrongs dritte Europa-Reise, diesmal mit dem «All Star»-Sextett, fand 1948 statt. Auf Einladung der französischen Regierung spielten die «All Stars» beim ersten großen europäischen Jazzfestival in Nizza, Februar 1948. Jazzfans aus ganz Europa kamen zum «New Opera House», Nizza. Armstrong wurde als erster Jazzmusiker vom französischen Präsidenten mit einem Orden dekoriert. Auf Grund des überragenden Erfolgs lud Hugues Panassié ihn für November 1949 wieder nach Frankreich ein.

1949 wird Armstrong «King Of The Zulus», eine besondere Ehre seiner Vaterstadt New Orleans zum Mardi Gras (Karnevalsdienstag). Die schwarzen Karnevalsparaden waren erst Anfang des Jahrhunderts als Parodien auf die weißen Karnevalsparaden entstanden. Satchmo spielte seine Rolle als Zulu King hervorragend: mit weiß umrandeten Augen, schwarzer, langer Perücke, rotem Samtgewand, Grasrock. Seine Königin war eine einfache Theater-Ticket-Verkäuferin. Sie tranken zusammen Champagner und winkten dem jubelnden Volk zu. «The Boy from New Orleans» war zurück in seiner Stadt. Für den Entertainer Louis Armstrong wurde der Aufenthalt in seiner Stadt zu einem großen Vergnügen.

Louis Armstrong war nun d e r Jazzstar! Die Zeitschrift «Time» veröffentlichte eine Titel-Story über ihn. Viele weitere Zeitschriften berichteten regelmäßig über ihn. Er trat sehr häufig im Fernsehen auf. Ständig wurden Radiosendungen mit seiner Musik übertragen und weitere Schallplattenaufnahmen gemacht.

Von September bis November 1949 erfolgte die vierte Europa-Reise,

«Mardi Gras» in New Orleans

wieder mit den «All Stars». Im Oktober trat die Gruppe in der Schweiz auf. *That's A Plenty* war einer der beliebtesten Titel während dieser Tournee. Es ist ein fröhliches, marschmäßiges, attackierendes Stück mit einem erdigen New Orleans-Klang. Kollektive, heterogene Abschnitte wechseln mit solistischen Teilen ab. Earl Hines brilliert durch ein virtuoses Pianosolo mit Oktavpassagen und Blockakkorden. Eine jubelnde kollektive Coda beschließt *That's A Plenty*. – In Kopenhagen wurde der Gruppe ein triumphaler Empfang bereitet: «der größte Empfang jemals für einen Jazzmusiker»[153]. Zurück in den USA spielten die «All Stars» in Las Vegas, Los Angeles, Chicago, Detroit, New York usw.

1951 trat ein gravierender Personalwechsel ein. Zwei bedeutende Mitglieder der «All Stars» verließen die Gruppe, um eigene Bands zu gründen: Earl Hines und Jack Teagarden. Armstrong bemerkte: *Hines und sein ego, ego, ego. Wenn er gehen wollte, zur Hölle mit ihm. Er ist gut, sicher, aber wir brauchen ihn nicht. Wir haben Joe Sullivan, er spielt ein feines Klavier. Earl Hines und seine großen Ideen. Nun, wir können ohne Mr. Hines auskommen. Was mich wirklich quält, ist, Jack zu verlieren. Dieser Teagarden, Mann, ist wie mein Bruder.*[154] Louis' Anhänglichkeit und Treue traten in Gegensatz zu Teagardens Unabhängigkeitsbedürfnis, eine jazztypische Diskrepanz zwischen Gruppengefühl und individuellem Freiheitsstreben. Jack Teagarden war der Auffassung: «Louis braucht mich nicht. Er war lange bevor ich kam o. k., und ich wollte eine eigene

Band haben. Ich habe das mit Louis besprochen, und er versteht, wie ich fühle.»[155]

Trotzdem bestanden die «All Stars» erfolgreich weiter, tourten in den gesamten USA und Kanada, fuhren 1952 nach Hawaii, traten im selben Jahr ihre fünfte Europa-Reise an. Armstrong schrieb 1952 sein zweites Buch: *My Life, My New Orleans*. Billy Kyle, dessen Stil von Earl Hines und Teddy Wilson geprägt war, übernahm nach Joe Sullivan 1954 den Klavierpart, Trummy Young 1954 den Posaunenpart. 1955 trat Edmond Hall an die Stelle von Barney Bigard.

Die Gründe für den Personalwechsel lagen möglicherweise auch in dem begrenzten Repertoire der «All Stars». Die Konzerte begannen meist mit *Indiana* oder *Muskrat Ramble*. *Sleepy Time Down South* war immer das letzte Stück. Jedem Mitglied der Gruppe wurde Gelegenheit zu einem Solo gegeben. Das Konzert enthielt immer einige Hits, wie zum Beispiel *Blueberry Hill* oder *Mack The Knife*, *C'est si Bon* oder *A Kiss to Build a Dream On*. Die möglicherweise unterschiedliche Bezahlung der Musiker und der Reise-Stress können als weitere Gründe für den Personalwechsel vermutet werden.

Joe Glaser suchte flexible, einfühlsame Musiker für das Sextett aus. Er

Mit Earl Hines und Jack Teagarden

achtete auf rassisch gemischte Besetzung. Mangelnde technische Brillanz Armstrongs wurde nach Glasers Meinung durch Tonqualität ersetzt. «In ein oder zwei Tönen konzentriert er alles, was er früher in einer langen Phrase gesagt hat; sein gegenwärtiger Stil hat eine gelöste und sublime Qualität... So lange diese perlenähnlichen Zähne standhalten, wird Louis immer etwas Neues spielen, und all die anderen werden hinter ihm herlaufen, um etwas aufzufangen.»[156]

Um die Welt mit «Satchmo, The Great»

Ab Anfang der fünfziger Jahre bereiste Armstrong mit seinen «All Stars» alle Kontinente und wurde zum Inbegriff des Jazz für jung und alt. Er spielte in ausverkauften Konzerthallen oder in Open Air-Stadien vor -zigtausenden von begeisterten Menschen. 1954 und 1956 erfolgten Reisen nach Australien, Japan, dem Fernen Osten. 1955, 1956 und 1959 fanden weitere Europa-Tourneen statt, für Armstrong die sechste, siebte und achte Europa-Reise. 1956 hielt er sich nach 23 Jahren zum erstenmal wieder in London auf («Empress Hall») und machte eine Tournee durch England.

Am 18. Dezember 1956 spielte er als Gasttrompeter in der «Royal Festival Hall»: «The Hungarian Relief Concert». Es handelte sich um ein Benefiz-Konzert für die Ungarn-Flüchtlinge. Nach dem bewaffneten Volksaufstand vom Oktober 1956, der von sowjetischen Truppen blutig niedergeschlagen wurde, waren viele Ungarn in den Westen geflohen. Armstrong und das Symphonieorchester hatten Schwierigkeiten beim Zusammenspiel. Der Dirigent des Royal Philharmony Orchestra, Norman del Mar, ein Protegé von Sir Thomas Beecham, studierte Armstrongs Notenvorlage. Alles war genauso notiert, wie das Orchester es gespielt hatte. Armstrong, der als Jazzmusiker im Gegensatz zu den klassischen taktgebundenen Symphonieorchestermusikern frei spielte und rhythmische Akzente und off beats einsetzte, mußte beim Zusammenspiel in Kontrast zum Orchesterapparat geraten. Der Dirigent beklagte sich über die rhythmischen Diskrepanzen zwischen Solist und Orchester. *Nun, diese anderen Musiker* (cats), mit der Trompete auf das Royal Philharmonic Ensemble zeigend, *why are they going bombom.* (Sie sind einen Schlag nach mir oder sie sind einen Schlag voraus.)[157] – Geprobt wurde: «Nobody Knows the Trouble I've Seen», «The Lonesome Road», sowie: «Shadrack», «Meshach» und «Abednego» (Gestalten aus dem Alten Testament). Am Abend war die Aufführung. Louis und die Philharmoniker versuchten, musikalisch so gut wie möglich zu kooperieren.

1957 unternahmen die «All Stars» eine Südamerika-Tournee: «Lateinamerikanische Explosion für Louis. Während Jazztourneen um die Welt war Louis Armstrong an wilde Empfänge gewöhnt. Aber als sein Flugzeug in Buenos Aires landete und er sah, was ihn erwartete, weigerte er sich auszusteigen. An die 3000 junge Argentinier wirbelten singend um das Flugzeug herum. Ein Feuerwehrwagen fuhr herein, um die heißen Jazzfans abzukühlen ... Die Menge erschlug ihn mit Küssen und Hieben und suchte in seinen Taschen nach Souvenirs ... Irgend jemand verletzte ihn an den Lippen. ... *ich bin erledigt. Das ist nicht im Vertrag.*» [158]

Im April des Jahres 1959 bereitete Jugoslawien als erstes kommunistisch regiertes Land den Armstrong-«All Stars» einen triumphalen Empfang. In der Hauptstadt Belgrad hatte sich 24 Stunden vor Beginn des Kartenverkaufs eine riesige Menschenschlange vor der großen Halle der jugoslawischen Gewerkschaften gebildet. Eine halbe Stunde nach Beginn des Verkaufs waren alle Karten ausgegeben, obschon die Preise ungefähr sechsmal so hoch waren wie die der Belgrader Oper. In Ljubljana wartete das Publikum bis Mitternacht geduldig auf die mit drei Stunden Verspätung eintreffenden Musiker, die vom Flugplatz Zagreb mit Wagen der US-Botschaft nach Ljubljana gebracht wurden. Noch in Reisekleidung traten Satchmo und seine «All Stars» auf das Podium und spielten bis in den frühen Morgen. Anschließend wurde Armstrong von der begeisterten Menge auf Händen aus dem Saal getragen. [159]

Von 1961 bis 1968 unternahmen die «All Stars» Reisen nach Afrika, Australien, Neuseeland, Mexiko, Island, Indien, Singapur, Korea, Hongkong, Formosa, Japan, West- und Ost-Deutschland, ČSSR, Rumänien, Jugoslawien, Ungarn, Frankreich, Holland, Skandinavien, England, Montreal, Toronto, Las Vegas, New York, Los Angeles, Chicago. Eine Tournee in die UdSSR kam nie zustande. Da Präsident Eisenhower bei den «Little Rock»-Unruhen um die Zulassung schwarzer Kinder in weiße Schulen zu lange mit dem Eingreifen gezögert hatte, lehnte Armstrong es ab, von der amerikanischen Regierung als Vertreter seines Landes als «Ambassador Satch» nach Moskau geschickt zu werden. Louis stellte erschüttert fest: *Es wird fast so schrecklich, daß ein farbiger Mensch keinen Platz mehr zum Leben hat.* [160]

Die erste Afrika-Reise unternahmen die «All Stars» 1956, die zweite ausgedehntere 1960. Jazz wurde mehr und mehr zum Medium interkontinentaler, politischer Kommunikation, Louis Armstrong zum «Real Ambassador». Die Zeitschrift «Ebony» schrieb zu Armstrongs erster Afrika-Reise: «Globetrotter Louis (Satchmo) Armstrong, der John Foster Dulles des Jazz, ging zurück nach Afrika ...» [161] Die Reise wurde gesponsert und gefilmt von der Medienfirma CBS für Edward R. Murrows Film «The Saga Of Satchmo». Sie beeindruckte den Star Satchmo mehr als alle anderen vorhergehenden Reisen.

Bereits am Flughafen von Accra, an der damaligen Goldküste, wurde ihm und seinen «All Stars» von etwa 10 000 Afrikanern und zehn einheimischen Bands ein triumphaler Empfang bereitet, wie er sonst nur für Staatsoberhäupter vorgesehen ist. Die Bands veranstalteten eine wilde Jazz Session; der Posaunist Trummy Young spielte und tanzte ausgelassen

In Accra, Ghana

mit den afrikanischen Musikern. Die Bands spielten ein eigens für Satchmo umkomponiertes altes Stück von der Goldküste: «All for you, Louis, all for you!»

Etwa 50000 Menschen hörten Armstrong und seine «All Stars» im Open Air-Konzert. Es begann mit dem *St. Louis Blues*, der nach fünf Chorussen in einen alten New Orleans «Funeral Tune» überging: «He Rambled Till The Butcher Cut Him Down». Beim Hit *Back Home In Indiana* gerieten die Menschen außer sich vor Begeisterung, stießen Freudenschreie aus und verfielen in ekstatische Tänze. Auch Louis tanzte einen alten «Cake Walk».[162] Der Höhepunkt des Konzerts war ein Duett mit der schwergewichtigen Velma Middleton. Louis und Velma sangen und tanzten zusammen: *That's My Desire.*[163] Velma spricht zunächst humorvoll und mitreißend das Publikum an. Es ergibt sich ein zwangloser Dialog zwischen Sängerin und Trompeter: «...to spend one night with you.» Louis umspielt den Song rankenreich, sanft, zärtlich und singt: *I want to go right now, Baby!* Das Publikum geht lachend mit. Louis singt: *To spend one night with you, that's my desire!* Velma antwortet: «Mine, too.» Nach einem Trommelwirbel folgen brillante Klavierpassagen und Velmas Einwurf: «I'll always love you!» Nach Louis' scat-Einlage singen beide in vollendeter Eintracht: *That's my desire!*

Sogar eine Reihe von Stammeshäuptlingen, die bis zu 400 Kilometer weit gereist waren, um Louis zu hören, befanden sich in der Menschenmenge. Der Polizeichef von Accra hatte schließlich Sorge, die brodelnde Menge zu beruhigen. Daraufhin spielte Louis zur Besänftigung die alte Four o'clock-Morgen-Musik *When It's Sleepy Time Down South*. Nach dem Konzert wurde Satchmo von seinen afrikanischen Fans aus dem Stadion getragen. Kilometerlange Menschenschlangen begleiteten ihn bis zum Hotel.

Louis wurde mit seiner Frau Lucille von Ministerpräsident Kwame Nkrumah zum Mittagessen eingeladen. Lucille war seine vierte Frau, die sich fast 30 Jahre lang, bis zu seinem Tod, mit absoluter Hingabe für ihn einsetzte und kontinuierlich und geduldig die Lösung aller Probleme übernahm. Lucille war ein «middle class girl», das Klavier- und Tanzstunden erhalten hatte und als «schwarze Pioniertänzerin» im «Cotton Club», Harlem, aufgetreten war. – Stammesmusiker tanzten und trommelten zur Unterhaltung des großen Stars. Während eines Konzerts sang er für den Staatschef das Stück *Black and Blue*. Nach einer instrumentalen Intro-

Mit Velma Middleton

In Accra, Ghana

duktion folgt Louis Armstrongs Vokalsolo: *What did I do to be so black and blue... I'm white inside... why was I born?* (Was tat ich um so schwarz und traurig zu sein... ich bin innerlich weiß... warum wurde ich geboren?) Ein instrumentales Kollektivspiel der «All Stars» mit Solotrompete beschließt das Stück. Die afrikanischen Zuhörer jubelten vor Begeisterung. – Er versprach dem besten Studenten der Regierungsschule eine Trompete. Louis erhielt als Gastgeschenk eine ghanaische «Talking Drum» (Sprechtrommel).

Im Achimota College sprach Armstrong über die kulturellen Beziehungen zwischen afrikanischen und amerikanischen Negern. Er glaubte, an der Goldküste den «Geburtsort des Blues» gefunden zu haben, und wünschte nun, jedes Jahr wieder nach Afrika zurückzukommen. *Nachdem alle meine Vorfahren von hier kamen und ich immer noch afrikanisches Blut in mir habe.*[164] Eine ghanaische Frau aus einer tanzenden Gruppe glich seiner Mutter Mayann so sehr, daß Louis annahm, eine unmittelbare Verwandte getroffen zu haben.[165] In Ghana wird vielfach berichtet, Dixcove in Ahanta-Land sei die Geburtsstätte von Armstrongs Vorfahren.

Die zweite Afrika-Reise war ausgesprochen weiträumig angelegt und begann wieder in Accra am 15. Oktober 1960. Sponsoren waren diesmal die US-Regierung und die Getränkefirma Pepsi Cola. «Pepsi Brings You Satchmo» stand zum Beispiel auf den Plakaten und Spruchbändern in Nigeria.

Die Tour umfaßte 45 Konzerte, unter anderem in den Städten: Accra, Kano, Ibadan, Kumasi, Lagos, Enegu, mit großen Stadien für 50000 Personen. Nach Nigeria standen auf dem Auftrittsplan: Kongo, Uganda, Kenya, Rhodesien, Liberia, Guinea, Mali, Tanganyika, Zanzibar. Südafrika war sogar geplant, mußte aber dann gestrichen werden, angeblich, weil die «All Stars» eine rassisch gemischte Gruppe war. – Die zweite Afrika-Reise war die umfassendste Reise in Armstrongs Leben.

Im Kongo sollen durch Satchmo und die «All Stars» die politischen Differenzen zwischen Mobutu und Lumumba kurzfristig nivelliert worden sein. Die kongolesischen Musiker hatten einen Song zu Louis' Ehren komponiert: «They call you Satchmo, but to us you are OKUKA LOKOLE». (Okuka = Zauberer des Dschungels, der wilde Tiere durch seine Musik besänftigt.) Zwischen den Wagen und den Tänzern war ein

Louis Armstrong in einer ghanaischen Schule

Mit seiner vierten Frau Lucille und Staatspräsident Kwame Nkrumah

Spruchband zu lesen: «Der schwarze Mann aus Übersee ist im Kongo zu Hause.»[166]

In Kenya, am Nairobi Airport, wurde Louis wie so oft von verschiedenen afrikanischen Bands musikalisch begrüßt, diesmal mit: *When You're Smiling* und «When The Saints Are Marching In». Die Konzerte fanden in der «City Hall» von Nairobi und im «Africa Stadion» statt.

Zwischen den Reisen von Kontinent zu Kontinent machte Armstrong zahlreiche Schallplattenaufnahmen. Decca war nicht mehr exklusiv für Armstrong tätig, sondern mehrere Gesellschaften, unter anderem Columbia. 1954 erfolgte die ausgezeichnete Aufzeichnung *Louis Armstrong Plays W. C. Handy*, «eine Schallplatte, die eine Sensation in der Jazzwelt werden wird»[167]. Die Besetzung war: Barney Bigard (Klarinette), Trummy Young (Posaune), Billy Kyle (Klavier), Arvell Shaw (Baß), Barrett Deems (Schlagzeug), Velma Middleton (Gesang). Trummy Youngs Posaunenspiel und Louis' Stimme waren solistisch hervorragend. W. C. Handy (1873–1958) ist als «Father of the Blues» in die Jazzgeschichte eingegangen. Er war Bluessammler, Bluesverwerter, Musikverleger und

Blueskomponist. Seine Mutter hatte ihm als Kind immer alte Negro-Songs vorgesungen. Besonders zu erwähnen ist sein weltbekannter «St. Louis Blues». Die «All Stars» spielen den *St. Louis Blues* mit einem warmen, kräftigen New Orleans-Sound und Swing-Rhythmus. Die Posaunenlinien von Trummy Young sind intensiv kontrapunktierend eingespielt. Das Posaunensolo ist von starker Ausdruckskraft. Velma Middleton improvisiert spontan einen neuen Text: «Since Louis Armstrong blows so nice and high, I'll love the man until the day I die!» («Da Louis kann so hoch und herrlich spielen, will ich ihn bis zu meinem Tode lieben!») Das Klarinettensolo von Barney Bigard zeugt von jubelnder Begeisterung. Seine Passagen drängen blitzschnell abwärts. Die Begleitstimmen bleiben immer gleichmäßig intensiv. Armstrong, Young und Bigard verbinden sich schließlich in kollektiver Harmonie und leuchtenden, runden, «satten» Farbklängen.

Satch Plays Fats (Fats Waller), eine weitere Columbia-Produktion, angeregt durch den Erfolg der Handy-Platte, schloß sich 1955 an. Die

Die Frau aus Achimota, Ghana, die Louis Armstrong an seine Mutter erinnerte

In Léopoldville, Kongo

Handy- und die Waller-LP gehören zu den besten Einspielungen, die Louis Armstrong seit Ende der zwanziger Jahre gemacht hatte. *Honey Suckle Rose* ist ein Tribut an den unsterblichen Fats Waller von Louis Armstrong und seinen «All Stars». Nach einer kurzen Klavier-Introduktion singt Velma Middleton, begleitet von Louis' einfühlsamer Trompete.

106

Anschließend folgt ein Vokal-Instrumental-Dialog von Velma und Louis nach dem call-response-Prinzip. In schnellem Tempo schließt sich der Refrain an. Beide Sänger geben eine scat-Einlage. Louis spielt das Thema mit den «All Stars» zusammen und improvisiert dann variantenreich, aber themennah und stellt einige Spitzentöne vor. Das Posaunen-Solo erscheint ausgesprochen «dirty» und wird von einer toccatenhaften Klavierattacke, einem weichen, schlanken Klarinetten-Solo und einem behenden Baß-Solo abgelöst. *Honey Suckle Rose* endet kollektiv mit einem einprägsamen, kurzen Schluß.

1956 und 1957 machte Armstrong mit Ella Fitzgerald und mit Oscar Peterson Aufnahmen. (Die erste Aufnahme mit Ella Fitzgerald stammte bereits aus dem Jahre 1946.) 1961 entstand die Schallplatte *Louis Armstrong And Duke Ellington*. Ellington spielte an Stelle von Billy Kyle mit den «All Stars». Ein weltberühmter Solist und ein weltberühmter Bandleader improvisierten zusammen. Ebenfalls 1961 entstand die Co-Produktion «The Real Ambassadors» mit dem «Dave Brubeck Quartett», dem Vokal-Trio «Lambert, Hendricks & Ross» und der Sängerin Carmen McRae.

William
Christopher Handy

Mit Leonard Bernstein, 1957

Der Film «Satchmo The Great» war der erste Film, der in ganzer Länge
(63 Minuten) einem international anerkannten Jazzmusiker gewidmet
wurde. Er zeigt Armstrong bei einer Europa-Reise Ende 1955, in England Anfang 1956 und bei seiner ersten Afrika-Reise im Mai 1956. Im
Film tritt Armstrong mit einem Philharmonieorchester aus New Yorker
Musikern unter der Leitung von Leonard Bernstein auf.

Der Film beginnt mit einem Instrumental-Solo von Louis. «Er braucht
nur einen Ton zu spielen», sagt Bobby Hackett, «und du weißt, das ist
er.»[168] Es folgen die bekannten Erkennungsmelodien *When It's Sleepy
Time Down South* und *Indiana*, Stücke, die fast immer zum Auftritt der
«All Stars» gehörten. Während eines Gesprächs mit dem Producer Ed-

ward R. Murrow in Paris erzählt Louis stolz: *Als wir in Mailand spielten, mußte ich nach meinem Konzert zur Scala eilen, um diese großen Musiker wie Verdi und Wagner zu bewundern, weil sie die Musik genauso gestalten wie ich. Wir spielen sie beide aus dem Herzen.*[169]

Louis Armstrong erklärt dann das Slangwort «cat», das von ihm in den Jazztalk eingeführt worden sein soll. . . . *alle Jazzmusiker aus New Orleans nannten sich gegenseitig «cats» und tun es noch.*[170] Armstrong erzählt, wie vertraut ihm ein Typ wie «Mack The Knife» durch das Huren- und Zuhältermilieu in New Orleans ist. In der Londoner «Empress Hall» widmet Louis den «Edel-Bordell-Song» *Mahagony Hall Stomp* Prinzessin Margaret. «Prinzessin Margaret beginnt mit ihrem Fuß den beat zu schlagen.»[171]

Nun folgt im Film die erste Afrika-Reise, die Armstrong so tief und nachdrücklich beeindruckte. Am 14. Juli 1956 findet das erste Jazzkonzert im «Lewisohn Stadion» statt. Das «Dave Brubeck Quartett» spielt während des ersten Teils des Konzerts, Armstrong mit seinen «All Stars» im zweiten Teil. Am Schluß erklingt ein Arrangement des «St. Louis Blues» von Alfredo Antonini für Jazz-Combo und Symphonieorchester. Das Orchester umfaßt 88 Mitglieder, Leonard Bernstein dirigiert. *Er war so nervös, und ich mußte zu ihm hinsehen, weil er so besorgt war, daß wir an der richtigen Stelle einsetzten... Er erklärte diese Kadenz, die ich spielen sollte... er sagte: «Nun, wenn Sie zu dieser Kadenz kommen und ein bißchen nervös werden, dann kürzen Sie sie ab oder sonst irgend etwas.» ...Ich sagte: Okay, daddy, wissen Sie was? Ich spiele mich zu Hause ein. Ich betrete die Bühne und bin bereit.*[172]

Louis, der große, weltberühmte Star und weltweit beliebte Mensch, hat immer eine natürliche Einfachheit und überwältigende Lebensfreude bewahrt. Er bekennt am Schluß des Films: *Wozu sollte ich berühmt werden? Was kümmert es mich, berühmt zu sein, das bedeutet nichts. Das Publikum macht dich dazu. Das bin nicht ich. Immer, wenn ich diese Trompete in die Hand nehme, kann ich Joe Oliver, Bunk Johnson, Baby Dodds sehen. Was wir spielen ist das Leben, und die natürlichen Dinge... Ich denke, alles, was ich tun kann, ist so zu spielen, wie ich fühle.*[173]

Krankheit und Tod

Louis Armstrong erlitt die erste schwere Krankheit seines Lebens 1959 in Spoleto, Italien. Im allgemeinen besaß er eine eiserne Gesundheit, war aber fast immer stark übergewichtig. Eine ständige Überanstrengung seiner körperlichen und seelischen Kräfte über Jahrzehnte durch ständigen, oft täglichen Wechsel von Reisestationen, seine vielen Tourneen, das viele Sitzen in engen Bussen, Zügen und Flugzeugen mußten schließlich zu gesundheitlichen Beschwerden führen. Nach einem Jetflug von New York nach Rom und über zwei Stunden Busfahrt nach Spoleto, Provinz Perugia, fühlte Louis sich todmüde. Der Opernkomponist Gian Carlo Menotti, der im Stil von Puccini und Verdi komponierte, hatte zu dem bekannten und renommierten «Festival of Two Worlds» eingeladen, um europäische und amerikanische Künstler und ihre Aktivitäten zu koordinieren. Bei der Ankunft in Spoleto erlitt Louis Armstrong Herzstörungen und eine akute Lungenentzündung. Drei Herzspezialisten wurden aus Rom geholt, darunter Prof. Luigi Condorelli, der Präsident der italienischen Kardiologen-Vereinigung. Louis war mit seinem persönlichen Arzt Dr. Alexander Schiff angereist, der mit Tränen in den Augen erklärte: «Er hatte nie irgendeine Herzattacke. Er blies sich die Seele aus dem Leib, das ist alles. Jeder Musiker, der jahrelang auf einem Blasinstrument spielt, leidet an Herzschwäche.»[174] – Das italienische Ärzteteam vermerkte, daß ein Transport des Stars nach Rom nicht möglich sei und daß Armstrong drei Stunden ohne Bewußtsein war. Die «All Stars» wollten nicht ohne ihren Bandleader spielen. In den Zeitungen stand die Schlagzeile: «Satchmo goes into a coma.»[175] Innerhalb weniger Wochen war Louis Armstrong jedoch wieder gesund und voller Tatkraft.

Fünf Jahre später, im März 1964, wurde Armstrong erneut mit Herzbeschwerden, Kurzatmigkeit und Venenentzündung ins Beth Israel-Krankenhaus, New York, eingeliefert. Sein Ruhm als Musiker und Entertainer war zu diesem Zeitpunkt, besonders durch den im Dezember 1963 produzierten Millionenhit *Hello Dolly!* weiterhin angestiegen. *Hello Dolly!* kam im Mai 1964 an die Spitze der Hitlisten.

Von April bis Juni 1967 kränkelte Armstrong an einer Lungenentzündung. 1968 brachte Armstrongs Leibarzt Dr. Schiff seinen Patienten zu Dr. Zucker, Internist am Beth Israel-Krankenhaus. Armstrong hatte

Vor seinem Haus in Corona, New York

Wasser und konnte kaum atmen. Der Patient brachte Dr. Zucker zunächst kein Vertrauen entgegen. Er verließ das Krankenhaus, ging nach Harlem, konnte aber kaum laufen, kaum die Schuhe schließen. Der ganze Körper war durch Wasser angeschwollen. Nach einer Weile kehrte er reumütig zurück und wurde Dr. Zuckers ergebener Patient.[176] – Louis' existentieller Wunsch war es, Musik zu machen, sein «Horn» zu blasen oder lieber zu sterben!

Von September 1968 bis Januar 1969 blieb Louis im Krankenhaus, wurde kurz entlassen und lag von Februar bis April 1969 wieder im Beth Israel-Hospital. Während er sich allmählich erholte, wurde sein langjähriger Manager und Freund Joe Glaser krank. Er erlitt einen Schlaganfall und wurde im Aufzug eines Geschäftsgebäudes gefunden. Glaser wurde ebenfalls ins Beth Israel-Hospital gebracht und lag im Koma. Lucille beschloß, ihrem Mann nichts zu sagen, um seine Genesung nicht zu verzögern. Doch Louis fand während eines Besuchs von Dizzy Gillespie her-

Mit seiner Frau Lucille

aus, daß Glaser «sick as a dog» im selben Krankenhaus lag. Er bestand darauf, im Rollstuhl zu seinem Manager gefahren zu werden.[177] Joe Glaser erkannte Louis nicht mehr. Er starb am 4. Juni 1969. – Louis war zutiefst betroffen. Joe Glaser war ein außerordentlich geschäftstüchtiger Manager, aber auch für Louis ein verständnisvoller Freund gewesen: «Die Art des amerikanischen Millionärs, der in jedem Geschäft zurecht kam, er hätte sogar Eiswürfel an Eskimos verkauft.» Er war für Armstrong auch ein ehrlicher und hilfsbereiter Mensch, der sich in den Dienst des Künstlers stellte: «Was Joe in das Agentengeschäft einbrachte, war das Konzept, daß der Künstler wichtiger war als der Promoter. Glaser kämpfte für den Künstler.»[178]

Louis Armstrong hatte ab 1969 ständig Atemprobleme. Er spielte nur noch wenig Trompete, sang vielmehr oder verwendete kurze Phrasen, geriet dabei oft ins Sprechen oder Rezitieren. 1970 gab es eine große Studio-Geburtstagsfeier für ihn mit den Aufnahmen zu «Louis Armstrong And His Friends» und den Stücken «We Shall Overcome», «The Creator Has A Masterplan», «Give Peace A Chance», «This Black Cat Has 9 Lives». Louis animiert zunächst seine Gäste: *To sing like they never sang before with the Old Satchmo* (Wie nie zuvor mit dem alten Satchmo zu singen). Chor, großes Streichorchester und Jazzband fallen mit überwältigender Ausdruckskraft ein. Das Stück «The Creator Has A Masterplan» von Leon Thomas und Pharaoh Sanders wird vorsichtig und bedächtig aufgebaut. Es beginnt mit einem Baßsolo, zu dem Percussionsinstrumente, Klavier und Flöte hinzugefügt werden. Es verdichtet sich ganz allmählich zu vollerem Klangkörper. Louis rezitiert im Rhythmus des Themas: *Yeah, yeah!* Streichinstrumente und viele Percussionsinstrumente ergänzen das mosaikartige Klangbild. Leon Thomas singt: «There is a place, where love will always shine ... that's divine ... come with me.» («Es gibt einen Ort, wo die Liebe immer scheinen wird ... das ist göttlich ... komm mit mir.») Louis Armstrong übernimmt das melodisch einfache, rezitativische Thema: *Der Schöpfer hat einen Meisterplan, Friede und Glück für jedermann!* Das Orchester begleitet mit ruhigem, ostinatem Klangband. Leon Thomas jodelt und singt freie, jubelnde Vokalisen. Es entsteht eine schwebende, klangreich bunt schillernde Collage aus Louis' Stimme, Leons Jodeln, sanftem Streicher- und energischem Bläserklang mit klopfenden Percussionsinstrumenten und «zwitschernden» Flötenbeigaben.

Im März 1971 hatten Louis und seine «All Stars» ein noch durch Glaser gebuchtes Zwei-Wochen-Engagement im «Waldorf Astoria Empire Room». Dr. Zucker riet ab, Louis könne auf der Bühne sterben, aber Louis mußte dieses «Horn» blasen. Das war sein Leben! – Direkt nach Beendigung der Show wurde er ins Beth Israel-Hospital gefahren: Herzattacke! Er blieb bis Mitte April auf der Intensivstation und wurde am 5. Mai entlassen.

Am 6. Juli 1971, um 5 Uhr 30 morgens, starb Louis Armstrong im Schlaf zu Hause in Corona, New York.

Lucille hatte Dr. Zucker angerufen. Dieser kam mit Dr. Schiff durch die leeren morgendlichen Straßen von New York herbeigeeilt. Er kam zu spät und konnte nur noch Louis Armstrongs Tod durch Nieren- und Herzversagen feststellen.

Die Nachricht vom Tod Louis Armstrongs, der «Inkarnation des Jazz», ging über die USA hinaus rund um die Welt.

Präsident Nixon erklärte: «Meine Frau und ich teilen den Kummer von Millionen Amerikanern über den Tod von Louis Armstrong, einem der Architekten einer amerikanischen Kunstform, ein freier und individuel-

Die Beisetzung

ler Geist und ein Künstler von Weltruf. Seine großen Talente und sein großartiger Geist gaben unserem Leben Reichtum und Vergnügen. – Einer der großen Männer des 20. Jahrhunderts ist tot.»

In Australien marschierten Jazzbands zu Armstrongs Ehren über die Straßen. In allen großen Zeitungen der Welt erschienen Nachrufe, auch in der «Iswestija». Der russische Dichter Jewgenij A. Jewtuschenko ehrte Louis mit einem Gedicht:

> Tue, wie du in der Vergangenheit tatest und spiele,
> Erfreue den Staat der Engel
> Und so wird der Sünder in der Hölle nicht zu unglücklich.
> Mache ihr Leben ein wenig hoffnungsvoller,
> Gib Armstrong eine Trompete,
> Engel Gabriel![179]

Viele tausend Menschen gingen am 8. Juli 1971 an seinem offenen, mit Rosen bedecktem Sarkophag in der National Guard Armory, Manhattan (großer Waffensaal der Nationalgarde), vorbei. Präsident Nixon hatte durch persönliche Intervention die National Guard Armory zur Verfügung stellen können.

Millionen sahen am nächsten Tag die Beisetzung in Corona im Congregational Center, Queens, New York, durch Fernsehübertragung. Gouverneur Nelson Rockefeller, Bürgermeister John Lindsay, Dizzy Gillespie, Duke Ellington, Count Basie, Benny Goodman, Frank Sinatra, Lionel Hampton, Ornette Coleman, Gene Krupa, Bing Crosby, Ella Fitzgerald und viele andere mehr waren gekommen. Billy Taylor hielt die Grabrede und konnte vor Bewegung kaum sprechen. Peggy Lee sang «The Lord's Prayer».

Tausende Menschen standen an den Straßen Spalier. Journalisten und Fotografen aus der ganzen Welt drängten sich am Eingang der kleinen Kirche von Corona. «Wenn Joe Glaser am Leben wäre, sagte einer von Louis' engen Freunden... hätte es die größte Beerdigung der Geschichte gegeben. Sie hätte in einer Kathedrale stattgefunden, und die ganze Welt hätte daran teilgenommen.» [180]

New Orleans beging Armstrongs Tod mit Gedächtnisparaden und Ansprachen. Die «Olympia» und die «Onward Brass Band» spielten zu seinen Ehren. -zigtausend Menschen, meist schwarze und arme Menschen, waren unterwegs. Armstrongs erstes Kornett wurde von dem Trompeter Teddy Riley vom Balkon des Rathauses geblasen – zum letztenmal, bevor es ins Museum der Stadt New Orleans kam. Ein Fan aus dem Publikum riß plötzlich und unerwartet das Mikrofon an sich und rief: «Louis Armstrong isn't dead!» [181]

Noch im Juli 1971 richtete Benny Carter einen Fonds zur Errichtung einer Louis Armstrong-Statue am Congo Square in New Orleans ein, dort, wo der Jazz seinen Ursprung hatte und wo alljährlich das New Orleans-Jazzfest stattfindet. [182] Zwei Jahre später wurde die Louis Armstrong-«Memorial Statue» feierlich eingeweiht. Lucille Armstrong war überglücklich. «I feel like I'm on Cloud Nine» («Ich fühle mich wie im siebenten Himmel»), bemerkte sie, als sie alte und neue Freunde in New Orleans traf, wie Joe Williams und Louis' Verwandte: «Mama Lucy», seine Schwester, Henry Armstrong, seinen Halbbruder, und andere. Musikgruppen spielten zur Einweihung: Wild Bill Davison, die «Arvell Shaw Group» (u. a. *Struttin' With Some Barbecue* und den «Royal Garden Blues»). [183]

1980 wurde dann in New Orleans ein Louis Armstrong-Park eröffnet: ein weiträumig und großzügig angelegter Vergnügungs- und Erholungspark mit Bäumen und Wiesen, Lagunen und Brücken, Straßen, dem «Theatre of the Performing Arts» (Schauspielhaus) und dem «Municipal Auditorium» (städtischer Konzertsaal). Der Architekt war Rolin Riley. Ein Kommentator schrieb zur Eröffnung des Parks: «Die aus den afrikanischen Gesängen entwickelten Polyrhythmen waren eine Hauptkomponente des Jazz, und man mag wohl in Erwägung ziehen, daß die bedeutendste amerikanische Kunstform des 20. Jahrhunderts direkt am Congo Square geboren wurde.» [184] (Hinzuzufügen wäre: ... und im ganzen Mississippi-Delta.)

Erzbischof Philip Hannan eröffnete die Widmungszeremonien, der Höhepunkt der Ansprachen war die Rede von Oberbürgermeister Ernest N. Morial. Die «Olympia Brass Band» und die «Preservation Hall Band» spielten. Ehrengäste waren unter anderen Count Basie, Lionel Hampton und Dave Brubeck. Am Congo Square traten das «Uganda Afro Drum Corps» und eine Voodoo-Macumba-Gruppe auf. Eine besondere Attraktion für die Amerikaner bildete das «Armstrong Park Sign», «das wie die Lichter am Times Square an und aus ging... ein nahezu halluzinatorisches westindisches Tex-Mex-Gulf Coast Style-Fantasma...»[185] (Eine Mischung aus Texas-, Mexiko- und Golfküsten-Phantasien.)

Auch der «Tribute to Louis Armstrong» riß in den ersten Jahren nach seinem Tod sowohl in symphonischen wie in Jazzkreisen nicht ab. Das «New Orleans Philharmonic Orchestra» führte am 7. März 1972 im «Municipal Auditorium» ein Requiem für Louis Armstrong mit dem Titel «A Musical Service For Louis» auf. Der Komponist war Roger Dickerson.

«Louis Armstrong Park Sign»

Das Konzert begann mit Blachers «Variationen über ein Thema von Paganini» und endete mit Schuberts großer Symphonie.

Die «New York Jazz Repertory Company» veranstaltete am 15. November 1974 ein Louis Armstrong-Gedächtniskonzert in der «Carnegie Hall». Die Musikdirektoren waren Billy Taylor, Dick Hyman und Jimmy Owens, der Erzähler: Stanley Dance, Gastsolist: Bobby Hackett. Das Programm umfaßte *Struttin' With Some Barbecue, Swing That Music, West End Blues.*

Das Newport Jazz Festival 1973 war Louis Armstrong gewidmet. Jazzstars wie Dizzy Gillespie, Ella Fitzgerald und Dave Brubeck spielten und sangen für Louis, den «King of Jazz» und «Daddy of us all» (Roy Eldridge). Stanley Adams, der Präsident der ASCAP («American Society of Composers, Arrangers, Producers»), hielt eine Laudatio auf Louis, der in einer Bretterbude in den Slums von New Orleans geboren wurde und durch seine Musik und sein Herz die Welt erobert hatte. «Little Louis, aber er war ein amerikanischer Gigant, der auf Menschen jeder Rasse, jeder Religion und jeder Konfession Einfluß hatte.» [186]

Louis Armstrong, Kommunikationsgenie und Master des Entertainment, hatte durch ein einfaches Credo gelebt: *Ich habe nie versucht, etwas zu beweisen, ich wollte nur eine gute Show geben. Mein Leben war meine Musik. Sie kommt immer zuerst, aber die Musik ist nichts wert, wenn du sie nicht öffentlich spielen kannst. Die Hauptsache ist, für dieses Publikum zu leben, denn du bist dafür da, die Menschen zu erfreuen.* [187]

Entertainer und «Real Ambassador»

Louis Armstrong war zeitlebens ein Unterhaltungsmusiker und nahm die erfreuliche Wirkung von Unterhaltung und Spaß ernst. Menschen jeglicher Hautfarbe hatten nach seiner Ansicht Anspruch auf Unterhaltung, Freude und Glück. Er war ein Vermittler zwischen schwarzer Kultur und schwarzem sowie weißem Publikum; er war ein engagierter Musiker, der jedes Publikum begeistern konnte. Er erhielt für seine beglückende und mitreißende Musik den Applaus von Millionen Menschen rund um die Welt. Er wußte, populäre Musik muß melodienreich sein, und er konnte aus den einfachsten Motiven eine ansprechende Musik machen.

Bereits 1925 war Chicago ein Entertainment-Mittelpunkt für ein schwarzes und weißes Publikum, das in Cabarets, Dance Halls, Theatern und Cafés unterhalten werden wollte. Die Manager waren sehr häufig Gangster, die Big Business in Verbindung mit organisiertem Verbrechen betrieben, und zwar unter Umgehung der Polizei, da sie eigene Ärzte, Anwälte und private Polizei bezahlten und einsetzten. Earl Hines zum Beispiel wurde direkt durch Gangster kontrolliert. Auch Armstrong war von ihnen abhängig und konnte nicht ohne weiteres seinen Job wechseln.

Die erste wichtige schwarze Broadway-Show von Will Marion Cook und Paul Lawrence Dunbar «Clorindy» oder «The Origin Of The Cake Walk» wurde bereits 1899 aufgeführt. Ein Boom für schwarzes Theater brach 1921 aus, und zwar mit «Shuffle Along» von Noble Sissle und Eubie Blake. Diese Show tourte im ganzen Land und ergänzte noch andere Shows, wie zum Beispiel «Plantation Days».[188]

Die Stegreifkomödien und -possen der Minstrel-Zeit hatten sich allmählich zu Theater-Shows, den Vorläufern der späteren Musicals, entwickelt. Das Minstrel war die erste amerikanische Theaterform, die eine Karikatur des Negermilieus um die zwei komischen Typen, den Negertölpel und den Negerdandy, darbot. Es wurde von Weißen gespielt, die sich das Gesicht schwarz färbten. – Erst nach der im Bürgerkrieg der Nordgegen die Südstaaten erlangten Emanzipation, 1865, durften Schwarze an Minstrel-Shows teilnehmen und eigene Minstrel-Gruppen bilden. Schwarze Bands, Shows, Sänger, Tänzer und Schauspieler waren später sehr gefragt und wurden im Showgeschäft etabliert.

Als Armstrong im Juni 1929 in der Show «Hot Chocolates» von Fats

Waller auftrat, hatte das schwarze Entertainment bereits einen Aufstieg erlebt. Durch seine Soloauftritte 1924 in der «Fletcher Henderson Band», der führenden Dance Band Amerikas, war er vom unbekannten New Orleans-Musiker zum Starsolisten avanciert.

Erskine Tates «Vendome Theater» war bereits 1887 als Dance Hall gegründet worden und wurde 1919 ein Theater für ein schwarzes Publikum. Das Repertoire des Erskine Tate-Orchesters war gemischt und bestand aus Symphonien, Opernarien, Stummfilmmusik und «Hot Music».[189]

Die Cabarets, wie zum Beispiel das «Sunset Café», wurden von einem rassisch gemischten Publikum frequentiert. Armstrongs Karriere als Entertainer begann dort mit der «Carroll Dickerson Band», 1926. Singen, Spielen, Tanzen, Spaßmachen waren gefragt. An einem Abend gab es mehrere Shows. Die Dickerson-Band spielte auch zum Tanzen auf. Der Tap Dance (Stepptanz) war große Mode. Louis zog als Entertainer auch ein weißes Publikum an, schließlich auch weiße Jazzmusiker wie Benny Goodman, Tommy und Jimmy Dorsey, Bix Beiderbecke und die sogenannte «Austin High Gang».

Louis Armstrong spielte in den Cabarets «Sunset» und «Dreamland», wurde immer bekannter und zum «Jazz-Helden» und Starsolisten von Chicago. Einen durchschlagenden, publikumswirksamen Erfolg hatten Armstrongs «Hot Five» bei ihrem einzigen öffentlichen Konzert am 12. Juni 1926 im «Coliseum», Chicago. Häufige Radiosendungen und zahlreiche Berichte im «Chicago Defender» brachten Louis weitere Fans ein. Dave Peyton glorifizierte ihn sogar als sagenhaften «King Menalick» von Äthiopien (Vater von Haile Selassie, dem Gott der Rastafaris).[190] Dave Peyton war aber auch als etablierter Mittelklasse-Schwarzer unglücklich über das ordinäre, clownhafte Entertainment und ermahnte die Musiker regelrecht zur Ordnung: nicht zu laut zu spielen, sich als Gentleman benehmen, sauber und ordentlich gekleidet sein, nicht stöhnen, ächzen, quäken.[191]

Aber Louis' komische Vaudeville-Auftritte – ab 1928 wieder mit der «Dickerson Band», jetzt im «Savoy» – mit Parodien und Selbstparodien, Augenrollen, Grinsen, Clownen waren sehr beliebt und wurden immer populärer. Louis hat sich bis zum Ende seines Lebens als Entertainer verstanden. Hier ein Beispiel für Entertainment aus Louis' Chicagoer Zeit: *Das «Sunset» hatte Freitagnacht Charleston-Wettkämpfe... wir hatten seinerzeit eine große Show... 1926 war der Charleston populär und Percy Venable, der Produzent der Show, brachte im Finale vier von uns «Band Boys» heraus, die den Charleston tanzten. Das war wirklich ein Ding. Da war Earl Hines, so groß wie er ist; Tubby Hall, so fett wie er war; Little Joe Walker, so kurz wie er ist, und ich, so fett wie ich zu jener Zeit war. Wir breiteten uns quer über den Boden aus und tanzten den Charleston so schnell wie die Musik spielte. Junge, o Junge, da waren vier Jazzmusiker, die auf und nieder hüpften. Das waren wir... Ha, ha![192]*

LOUIS ARMSTRONG
Exclusively on DECCA RECORDS

Louis Armstrong musizierte auch mit den witzigen, Musikinstrumente nachahmenden «Mills Brothers». Singen, Spaßmachen, hohe Töne produzieren war Armstrongs Erfolgsrezept. Trotz seiner rauhen Stimme erhielt er dafür viermal den «Critics Poll» der Zeitschrift «Esquire», zweimal den als Trompeter. Die Funktion von Musik als Lebenshilfe, als Therapie war für Louis selbst und sein Publikum wichtig. Der Komponist Hanns Eisler äußert sich in seinen «Materialien zu einer Dialektik der

Musik» positiv zur Tanz- und Unterhaltungsmusik. Sie stehe hoch in der Geschichte der Gefühle, sei eine Form der Nächstenliebe und erfülle eine soziale Rolle.[193]

Einseitige Kritiker, die den Wert von Unterhaltungsmusik nicht erkannt haben, üben heftige Kritik an den Big Band-Aufnahmen der Decca-Periode (1935–47). Collier zum Beispiel wirft Armstrong Geschmacklosigkeit, Phantasielosigkeit und «going commercial» vor. [194]

Dan Morgenstern faßt zusammen: Die Jazzkritiker loben eigentlich nur Armstrongs Combo-Arbeit, das heißt die «Hot Five» von 1925 bis 1928 und die «All Stars» nach 1947. Morgenstern selbst hält die folgenden Stücke der Big Band-Periode für einzigartig in der Geschichte des Jazz: *Barbecue, Jubilee* (aus dem Film «Everyday Is A Holyday»), *The Skeleton In The Closet* (*Das Skelett im Schrank* aus dem Film «Pennies From Heaven» mit Bing Crosby), *Ev'ntide* und vor allem *Swing That Music*.[195]

Bei dem Stück *The Skeleton In The Closet* handelt es sich um ein Geisterhaus mit Hexen und Skeletten, die um Mitternacht anfangen zu tanzen und einen fürchterlichen, unheimlichen Krach machen. Die Musik ist schrill, dissonant, voller Sekundreibungen. Sprunghafte Bläsereinwürfe verstärken den Krimicharakter. Louis verwendet «shouts», die in Gesang übergehen. Im zweiten Teil des Stücks spielt die «Dorsey Band» in massivem, rhythmisch kompaktem Swingstil. Louis' Trompete kontrastiert mit motivischen Improvisationen schlank und klar in der Tongebung mit ereignisreichen «breaks» und expressiven «shakes» und einem berühmten Spitzenton am Schluß. – Bing Crosbys Gesangsstil kann man als schlagerhaft und «schmalzig» bezeichnen. Louis Armstrongs Spiel- und Gesangsstil bleibt jazzgebunden, ausdrucksstark und ist zuweilen hart zupackend. Die «Dorsey Band» paßt sich den unterschiedlichen Stilen an.

Swing That Music wird ebenfalls vom Dorsey-Orchester begleitet. Die technisch hervorragende «Dorsey Band» stellt das sechzehntaktige, symmetrische Thema vor. Der Big Band-Klang ist energisch und homogen, das Tempo sehr schnell. Louis singt: *My heart gets a thrill, when they swing that music.* (Mein Herz bekommt einen Schauer, wenn sie diese Musik zum Swingen bringen.) Die Band begleitet diszipliniert, virtuos und flexibel. Es folgt ein Trompetensolo mit klarer Attacke, differenzierten Motivvarianten und Riffs:

sowie Spitzentönen über dichtem, rasantem Orchesterklangband.

Der Vorwurf der kommerziellen Massenproduktion, der Gefallsucht wird Armstrong von vielen Kritikern und Fans gemacht. Sie verlangten mehr «echten» Jazz. Der «Musical Express» bezeichnete Louis Armstrong als kommerziellen «Crooner» (Schmalzsänger).[196] Die New Orleans Insider-Zeitung «Second Line» beklagte vehement den Preis, den er für kommerziellen Ruhm bezahlt hätte, nämlich die Verschwendung seines großen Talents an billige Tin Pan Alley-Schlager.[197] Der «Melody Maker» stellte vier vitale Fragen: «Ist die Armstrong-Tournee eine Farce? – Sind die ‹All Stars› so schlecht? – Warum der Aufruhr? [des Publikums] – Was ist mit Louis los?»[198] Mit anderen Worten: Das Publikum und die Kritik fühlten sich enttäuscht, Louis ruhe sich auf seinen Lorbeeren aus, hieß es.

In engem Zusammenhang mit Louis' Entertaining und «going commercial» stand der starke Einfluß seines fast lebenslangen, exklusiven Managers Joe Glaser. Glaser hatte das «Alleinverkaufsrecht» für seinen Künstler. Louis schenkte ihm absolutes Vertrauen. Joe Glaser hatte mit seiner Associated Booking Corporation in Chicago, New York und Hollywood die «drei größten Geldverdiener: Duke, Lionel, Louis» unter Vertrag.[199] Er hatte seinem Schützling Louis von Anfang an eingeschärft: lächeln, lächeln, Fratzen schneiden, den Komiker spielen! Joe Glaser äußerte sich 1966 in der Zeitschrift «Life» über Louis Armstrong: «Zuerst in Chicago war Louis sehr schüchtern, sehr ruhig. Er tat nichts, außer nett zu den Leuten zu sein. Als ich ihn im ‹Sunset› hörte, handelte ich ihm gegenüber wie ein Trainer gegenüber einer Footballmannschaft. Ich sagte: Louis, sing und schneide Gesichter und lächle, lächle, verdammt noch mal. Zeig's ihnen. Sei nicht ängstlich… Ein Entertainer, Sänger und Musiker kann zehnmal mehr Geld machen als ein gewöhnlicher Trompeter. So war ich gewohnt zu sagen: Louis, vergiß alle diese gottverdammten Kritiker, die Musiker. Spiel für das Publikum. Sing und spiel und lächle. – Heute hat dieser Mann, der als Entertainer nicht anerkannt war, als Sänger die größte Schallplatte der Welt gemacht – ich meine *Hello Dolly!*. Sicherlich war es dort nicht sein Trompetenspiel. So denke ich, daß Louis in den letzten 25 Jahren sich mehr und mehr entwickelt hat.»[200]

Zum Vorwurf des kommerziellen Geldmachens äußerte sich Armstrong in einem Interview mit Gilbert Millstein: *Aus vielen Musikern macht das Geld einen Narren. Sie vergessen alles über das Leben, das sie lieben, wenn sie auf der Bühne stehen. Sie werden berühmt und können keine Musik spielen, weil sie die Kasse beobachten und sehen, wie viele Leute hereinkommen. Mir ist es verdammt egal, wie viele hereinkommen, ob es nun einer ist oder tausend sind, ich würde nicht lauter oder leiser oder weniger spielen, vielleicht ein wenig mehr, aber wie immer.*[201]

Louis Armstrong hat viele Hits produziert, aus einfachen Schlagern attraktive Stücke gemacht, durch seine unnachahmliche rauhe, aber seelenvolle Stimme, seine paraphrasen- und melodienreiche Trompetenspielweise und sein herzgewinnendes Komödiantentum. Der erste «real hit» war *Ain't Misbehavin'* (1929) aus «Hot Chocolates» von Fats Waller on Broadway, der letzte weltweit bekannte Hit *Hello Dolly!* (1963/64). Dazwischen lagen zahlreiche Erfolgsnummern, wie zum Beispiel: *The Saints Are Marching In, High Society, I Can't Give You Anything But*

Mit Barbra Streisand in dem Film «Hello Dolly!», 1969

Love, Baby, C'est si bon, Blueberry Hill, Mack The Knife und viele mehr.

Immer wieder spielte und sang Armstrong seine Hits in der ihm eigentümlichen, unverkennbar emotionalen Art. Zu den Vorwürfen des immer gleichen Repertoires bemerkt der englische Armstrong-Biograph Chilton: «Angenommen, er hätte diese Chorusse eine Weile auf die gleiche Weise gespielt – da ist jedenfalls niemand, der sie auf diese Weise hätte zum Klingen bringen können. Das ist so, als wenn man Tschaikowsky

123

einen dahergelaufenen Kerl schimpfen wollte, weil sein Klavierkonzert jedesmal, wenn man es hört, gleich klingt.» [202]

«Hello Dolly!» (Musik und Text von Jerry Herman), eine musikalische Broadway-Version von Thornton Wilders Buch «Matchmaker», geht zurück auf Johann Nestroys Komödie «Einen Jux will er sich machen». Die Nummer *Hello Dolly!* aus dem Musical war einer der großen, wenn nicht Armstrongs größter Hit und wurde auch während der Osteuropa-Tournee gespielt. Nach einer achttaktigen Klavier-Introduktion, unterstützt von den beiden Rhythmus-Instrumenten Baß und Schlagzeug, erklingt Louis' Gesang: *Hello Dolly!* Das eingängige Musical-Thema wird von eleganten Klarinetten-Linien umrankt und von der Posaune im tiefen Register kommentiert. Eine Überleitung der Rhythmus-Gruppe, vergleichbar der Introduktion, führt zu einer Kollektivimprovisation im New Orleans-Stil. Trompete, Klarinette und Posaune improvisieren jeweils in ihrem Klangregister und ergänzen sich doch in homogener Klangeinheit. – Ein Vokalteil mit Louis Armstrongs immer rauher werdender, doch intensiver Stimme, korrespondiert von zurückhaltenden Klarinettenklängen, beendet mit diversen «shouts» abwärts das Erfolgsstück *Hello Dolly!*. Es wurde millionenfach als Pop-Best-Seller verkauft. «Noch schlägt der Champion Satchmo die Beatles: *Hello Dolly!* ist so eindeutig melodisch, daß man es auf dem Weg zum Theater summt.» [203]

Die Verfilmung von «Hello Dolly!» mit Barbra Streisand fand erst 1969 statt, die Premiere am 17. Dezember 1969 im «Saenger Orleans Theater», New York. *Mit Barbra änderte ich es nicht viel, ich fügte gerade ein wenig hinzu und würzte es ein wenig, mag sein. Je besser du einen Song kennst, um so mehr kannst du damit tun – gieß ein wenig Soße auf den einen oder anderen Ton, you know!* [204] Louis äußerte sich zum Hit *Hello Dolly!* in Zusammenhang mit seinem Verhalten als Entertainer folgendermaßen: *Ich vermute, ich habe Hello Dolly! ungefähr eine Million mal gesungen. Und alle meine kleinen Gesten... Gesichterschneiden, Händeklatschen mit den Zuhörern, das ist alles Spaß. Die Leute erwarten das von mir. Sie wissen, daß ich da bin, um sie glücklich zu machen... Diese wenigen Augenblicke gehören ihnen. Wenn die Leute es nicht leid sind, bin ich es auch nicht. Es ist ein Vergnügen.* [205]

War Louis Armstrong nur Entertainer oder auch ein politisch engagierter Mensch? – Der Bostoner TV-Journalist John McLean bezeichnete Armstrong in einem Interview aus dem Jahre 1960 als «inoffiziellen Botschafter der USA», und Armstrong vermerkte dazu, daß seine Domäne die Musik sei: *Ich wußte nichts von Politik.* [206]

Auch 1965 in Dänemark, auf dem Weg zu einer Konzert-Tournee in sozialistische Länder, betonte er: *Meine Botschaft ist Musik.* [207] Armstrong hatte jedoch im dänischen Fernsehen Rassenunruhen in Selma, Alabama, beobachtet und bemerkt, er werde krank, wenn er sähe, wie sich Menschen noch immer gegenseitig behandelten: *Sie würden sogar*

Jesus schlagen, wenn Er schwarz wäre und vorbeikäme. Er selbst könne nicht an Freiheitsmärschen teilnehmen: *Man würde nur mein Gesicht zerschmettern, so daß ich meine Trompete nicht mehr gebrauchen könnte.*[208] Armstrong wurde jedoch allein durch seine musikalische Aktivität, sein menschliches, gewinnendes Verhalten in der ganzen Welt zum Jazz-Diplomaten und «Real Ambassador» auf «good will tour» für die USA, oder besser zum Repräsentanten für Menschlichkeit, Freundlichkeit und Friedfertigkeit. Columbia brachte seine LP mit dem Titel «Ambassador Satch» heraus.

Dave und Iola Brubeck verfaßten 1962 das Broadway-Musical «Real Ambassadors» mit Louis Armstrong als Hauptperson. Iola Brubeck wurde seinerzeit tief beeindruckt durch den Empfang, den Louis besonders in Léopoldville während seiner zweiten Afrika-Reise erfuhr. Die Stämme der Baboto, Ekondo und Nkongo trugen Louis auf einem Thron in das Stadion. Niemals war ein auswärtiger Diplomat mit solchen Ehren, solcher Begeisterung empfangen worden. «Als man ihn zum Kongo schickte, hörten die Kämpfe auf.»[209] Das Musical «Real Ambassadors» enthält Stücke wie «Cultural Exchange», «King For A Day», «Blow Satchmo», «The Real Ambassador», «They Say, I Look Like God». Pops (Louis Armstrong) befindet sich auf den Treppenstufen einer Kirche des sagenhaften, kleinen afrikanischen Königreichs Talgalla. Er wird zum revolutionären «Mardi Gras» – König für einen Tag gewählt. *Ich bin der wirkliche Botschafter. Alles, was ich tue, ist, den Blues spielen und Leute direkt treffen.* Im Wechsel mit einem Kirchenchor singt Satchmo dann: *Man sagt, ich sehe wie Gott aus... könnte Gott schwarz sein, mein Gott!* Armstrongs Sprechstimme wird von zurückhaltenden, sehr vorsichtigen, einfachen Akkorden gestützt. Der Chor singt alternierend und korrespondierend gregorianische Motive. Den Abschluß bildet ein mehrstimmiges Halleluja mit hohem Sphärenklangcharakter.

Auch der damalige Außenminister der USA, John Foster Dulles, bezeichnete Armstrong als «our ambassador of jazz» und als einen der erfolgreichsten Diplomaten im Kalten Krieg, nachdem er von dem künstlerischen und menschlichen Erfolg Armstrongs in den sozialistischen Ländern gehört hatte.[210] Ost-Fans riskierten angeblich sogar ihr Leben, um Louis in West-Berlin zu hören.[211] Louis selbst war überzeugt von seiner friedlichen Musik-Mission «round the world» und behauptete, sein Trompetenspiel würde die Anzahl der Kriege vermindern.[212]

Gilbert Millstein veröffentlichte im Juni 1957 in der Zeitschrift «Mayfair» einen Artikel mit der Überschrift «Ambassador With A Horn»: «Amerikas Geheimwaffe ist eine ‹blue note› in einer Molltonart... Gerade jetzt ist ihr wirkungsvollster Botschafter Louis ‹Satchmo› Armstrong.» Die amerikanische Regierung war verständlicherweise besonders an Armstrongs diplomatischer Sendung in kommunistische Länder interessiert. Eisenhower bat den Kongreß 1956 um 5000000 Dollar für kulturelle Zwecke in sozialistischen Ländern. Dort war der Jazz größtenteils und lange Zeit verboten. Radio «Free Europe» hatte Millionen von Zuhörern hinter dem sogenannten «Eisernen Vorhang» erreicht, Armstrong und seine «All Stars» waren gute Bekannte. «The Voice of America» mit Willis Conover war für viele Jazzliebhaber in sozialistischen Ländern die einzige wertvolle Informationsquelle. 1965 bei seiner Rückkehr von einer Osteuropa-Reise, die ihn nach Ost-Berlin, Prag, Bukarest, Belgrad und Sofia geführt hatte, versicherte Armstrong: *Ich sah die ganze Zeit keinen eisernen Vorhang... die Menschen sind nicht verschieden von uns... und: sie verstehen unsere Musik – jeden Ton. Sie besitzen mehr von meiner Musik als ihr.*[213] Radio Prag meldete sogar in Anlehnung an Caesars geflügeltes Wort: «Satchmo came, blew and conquered.» (Satchmo kam, blies und siegte.)[214]

Das menschliche und politische Engagement von Louis Armstrong kam 1957 zu einem einzigartigen Ausbruch. Die abscheulichen Rassenunruhen in Little Rock, Arkansas, vom 18. September 1957 veranlaßten den oft geschmähten Entertainer und «Onkel Tom» Armstrong zu wahren Wutausbrüchen und öffentlichen Anschuldigungen von Landes- und Bundesregierung. Im Herbst 1957 sollten die rassisch getrennten Schulen in Little Rock integriert werden, aber als die schwarzen Eltern mit ihren Kindern kamen, wurden sie von einem heulenden weißen Mob empfangen und bespuckt. Gouverneur Orville Faubus wollte die Schulen weiß halten. Der Vorfall wurde ausgiebig im Fernsehen vorgeführt. Armstrong war mit den «All Stars» in Grand Forks, North Dakota, auf Tournee. Als er im Fernsehen die Little Rock-Übertragung sah und erlebte, wie ein weißer Mann einem kleinen schwarzen Mädchen ins Gesicht spuckte, erlitt er einen Schock und empfand den Vorfall so intensiv, als ob er einen Schlag ins Gesicht bekommen hätte. «Er wurde wahnsinnig und blieb wahnsinnig» (vor Empörung).[215]

In einem Interview mit einem Lokalredakteur klagte Armstrong den Präsidenten Eisenhower an: *... he has no guts* (er hat keine Widerstandskraft), und den Gouverneur Faubus: *... an uneducated plowboy* (ein ungebildeter Ackerknecht). Armstrong verweigerte die von der Regierung geplante Good-Will-Tournee der «All-Stars» in die UdSSR. *So wie man mein Volk im Süden behandelt, kann die Regierung zur Hölle fahren... Es wird so schlimm, daß ein Farbiger keine Heimat mehr hat.*[216]

Eine musikalische Klage über Elend, Not und Diskriminierung seines Volkes schloß sich im Jahre 1958 an in Form einer Spiritual-Platte mit dem Titel: *Louis And The Good Book.* Sie enthält bedeutsame und inhaltsreiche Stücke. *Nobody Knows The Trouble I've Seen, Nobody Knows But Jesus!* und *Go Down Moses, Let My People Go* bringen das individuelle und kollektive Elend der Afroamerikaner und ihren Schrei nach Freiheit zum Ausdruck. *Down By The Riverside, I'm Going To Put Down My Sword And Shield, Study War No More* ist ein Anti-Kriegsstück, das gegen Gewalt jeglicher Art steht. Das herzzerreißende und für den Afro-amerikaner besonders situationstypische *Sometimes I Feel Like A Motherless Child* behandelt das tiefe Verlassenheitsgefühl der Afroamerikaner, die ohne Familie und heimatlos sind. Die afrikanischen Wurzeln des partnerschaftlichen Gruppengefühls werden durch das Call-Response-Prinzip der Spirituals, Gospels und des Blues wieder aufgegriffen und in neuer, akkulturierter Gestalt realisiert. Der kommunikative Entertainer Louis Armstrong und der engagierte «Real Ambassador» vereinigen sich im persönlichen, musikalischen und menschlichen Protest gegen massive Intoleranz und Unmenschlichkeit. *The Creator Has A Masterplan, Peace And Happiness For Every Man!*

Anmerkungen

1 O'Brien, S. 8
2 The United States Fidelity And Guaranty Companies: «Louis Armstrong, The Gentle Black Giant», S. 28
3 Panassié, S. 64
4 Des Moines, «Iowa Tribune», 1959
5 Dan Morgenstern in einem Interview mit Louis Armstrong in: «Down Beat», Chicago, 15. Juli 1965
6 J. E. Berendt in: «Der Tagesspiegel», Berlin, 4. Juli 1965
7 honky tonk = liederliches Haus, Kneipe, Spelunke; Gold: Negro Slang für «gin mill» oder «barrelhouse», billige Kneipen mit guter Musik, «a cheap saloon»
8 Associated Press, Nashville, 11. November 1963
9 Collier, S. 30
10 Vgl. Goffin, S. 4
11 Vgl. «Phantom In Whiteface», in: «The Village Voice», New York, 3. April 1984
12 Vgl. Goffin, S. 285
13 Vgl. Gleason in: «Rolling Stone», San Francisco, 5. August 1971
14 Vgl. «Down Beat»: «Boy Meets King», Chicago, 15. Juli 1965
15 Persönliche Auskunft von Pfarrer Erhard Kayser, 10. Mai 1986
16 Liner Notes der LP «Satchmo The Great», CL 1077 – «This film was made by Edward R. Murrow for CBS Television Productions»
17 Panassié, S. 39 f
18 «Everybody's Louis» von Larry King in: «Harpers Magazine», November 1967
19 «Trumpet Blowing Ambassador», Associated Press, Eddy Gilmore, London, 27. Mai 1956
20 Vgl. Shapiro-Hentoff, S. 120
21 Panassié, S. 47
22 Chilton, S. 204
23 Gleason: «The Tears Of Louis Armstrong» in: «San Francisco Chronicle», 16. Juni 1970 – vgl. LP «Louis Armstrong And His Friends», Philips SON 010
24 «Daily Mail», London, 7. Juli 1971
25 Gleason in: «Rolling Stone», San Francisco, 5. August 1971
26 Feather in: «Los Angeles Tribune», 28. Juni 1970
27 gig = Auftritt, Konzert, Job
28 Vgl. Faber, S. 31 f
29 Vgl. Chilton, S. 195 f («Swiss Kriss» ist in der Apotheke zu kaufen. Ich danke Andrea Roesler von der Hohenzollern-Apotheke, Essen, für ihre Hilfe.)
30 «Ebony», Januar 1956
31 Lil Armstrong: «I Remember Pops» in: «The Jazz Word», S. 48
32 Richards, «New Orleans Chronicle», August 1985, und «San Francisco Chronicle», 25. Juni 1971
33 Mezzrow, S. 241
34 «Life», 25. November 1957
35 Miles Davis in: «Phantom in Whiteface» von Dan Morgenstern, «Village Voice», New York, 3. April 1984
36 Lyttleton in: O'Brien, S. 7

37 O'Brien, S. 7

38 «Music And Rhythm», August 1941

39 In: «Spiegel», 28. November 1951

40 Louis Armstrong in: «Swing That Music», S. 32 f (beat = Grundschlag; off beat = Zwischenschlag; swing = Spannung zwischen beat und off beat)

41 Hodeir, S. 144

42 changes = Harmonie- oder Akkordverbindungen

43 «Salute To Satchmo», S. 42

44 Chilton, S. 206

45 Marc Gridley in: «Jazz Educators Journal», Kansas, Manhattan, März 1984

46 Howard Tauman in: «Times», New York, 24. Januar 1950

47 Panassié, S. 69

48 Louis Armstrong: «Swing That Music», S. 69

49 Gleason in: «Rolling Stone», San Francisco, 5. August 1971

50 Vgl. Panassié, S. 69

51 Chilton, S. 193 f

52 Panassié, S. 80

53 Vgl. Joe Glaser Paper

54 Ebd.

55 Vgl. Jost, S. 21

56 Ebd., S 24; vgl. die Klassifizierung von Juden und Zigeunern durch die Nazis während des Dritten Reichs

57 Vgl. LP «New Orleans Function» von Louis Armstrong

58 Vgl. «Jazz grew up on a wagon», Interview mit George «Pops» Foster in: «San Francisco News», 5. August 1971

59 Vgl. Collier, S. 56

60 Collier, S. 21

61 «What happened to Louis Armstrongs Birthplace?» in: «Louisiana Weekly», New Orleans, 27. Juni 1964

62 «Swing That Music», S. 3

63 United States Fidelity Agency, S. 10

64 Vgl. Hirschberg, S. 123; Auskunft von Gabriel Kofi Adjomey, Mai 1986, und von Professor Opoku, Legon University, Accra, sowie dem Panafrikanisten Ben Kweku Nelson, Dixcove, September 1986 anläßlich meines Aufenthalts in Ghana. B. K. Nelson legt die Versklavung einiger ghanaischer Knaben, darunter Ekow Duku, auf den 18. Dezember 1639 fest. Nach monatelanger Befragung von Häuptlingen und älteren Personen aus der Gegend von Dixcove kommt B. K. Nelson zu dem Ergebnis, daß der Knabe Ekow Duku laut mündlicher Überlieferung einen großen Hornspieler als Vater hatte, der für den König spielte, und daß Ekow Duku der Vorfahre von Louis Armstrong sei (vgl. auch Alex Haley: «The Roots» und das Dorf Juffure in Gambia).

65 «Salute to Satchmo», S. 49

66 Collier, S. 23 und Slawe, S. 104

67 Vgl. «Swing That Music», S. 12

68 «Minneapolis Tribune», Chicago, 14. Juli 1950

69 O'Brien, S. 30

70 Vgl. Slawe, S. 104

71 «Swing That Music», S. 4

72 «My Life, My New Orleans», S. 66

73 Mezz Mezzrow: «Really the Blues». Deutsch: «Jazzfieber». Zürich 1956. S. 306

74 «Swing That Music», S. 1

75 Dixie, 31. Oktober 1965

76 «Swing That Music», S. 17

77 Copper Cent John Hatfield; O'Brien, S. 26

78 O'Brien, S. 16

79 Vaudeville nach Knaurs Etymologischem Lexikon: «Possenhaftes Singspiel; aus dem Französischen ‹vaux-de-vire›, Tal der Vire in der Normandie, wo nach 1400 der Dichter Olivier Basselin lebte und Volkslieder und Gassenhauer

dichtete, die nach seiner Heimat benannt wurden.»

80 Vgl. Jost, S. 49 f
81 Joe Glaser Paper
82 Ebd.
83 Ebd.
84 «My Life, My New Orleans», S. 180
85 Joe Glaser Paper
86 Lil Hardin in: «The Jazz Word», S. 49
87 Vgl. Collier, S. 98
88 Joe Glaser Paper
89 Ebd.
90 to dig, verstehen, herzlich lieben; in der westafrikanischen Sprache Wolof: degan. Vgl. Gold
91 Joe Glaser Paper
92 Ebd.
93 Vgl. Fletcher Henderson in: «He made the Band swing». Jazz Hot Club of Japan, März/April 1954
94 Vgl. Collier, S. 134
95 Lil Hardin in: «The Jazz Word», S. 49
96 Ebd., S. 50
97 Joe Glaser Paper
98 Ebd.
99 «Earl Hines Remembers Louis» in: «Voice», 4. Juli 1977
100 Vgl. Jost, S. 72 f
101 «Louis was just a Little Kid in Knee Pants», Kid Ory in: «Down Beat», Chicago, 14. Juli 1950
102 Ebd.
103 Vgl. Collier, S. 171
104 Vgl. Hodeir, S. 144
105 Ein «gut bucket» ist ein Tropfen-fänger unter Fässern in «barrel houses» (Kneipen). Der «gut buk-ket»- Stil ist ein rauher, erdiger Stil
106 Vgl. Townley
107 John St. Cyr dans: «Hot Club de France», Nr. 160, nach Panassié, S. 102
108 Panassié, S. 102 f
109 Joe Glaser Paper
110 Lil Hardin in: «The Jazz Word», S. 47 f

111 Vgl. Townley: «Barbecue is also a sex food synonym for the vagina»
112 Vgl. Faber, S. 122
113 «Salute to Satchmo», S. 88
114 Vgl. Collier, S. 215
115 Vgl. Jost, S. 61
116 Joe Glaser Paper
117 Vgl. Collier, S. 211
118 Ebd., S. 212 f
119 Crooner, vgl. Jost, S. 76
120 Feather Interview vom 28. Juni 1970: «Los Angeles Times Calendar» – «The Cat with Nine Lives»
121 Vgl. Collier, S. 245
122 Mezzrow, S. 237 f
123 Ebd., S. 239
124 Ebd., S. 240 f
125 Vgl. Collier, S. 240
126 Nat Gonella, ein Beiderbecke-Nachfolger, spielte ab 1927 in eng-lischen Tanzkapellen, gilt als der englische Louis Armstrong
127 Hugues Panassié, französischer Jazzkritiker, Jazzjournalist, Armstrong-Biograph, Gründer des «Jazz Club de France», Jazzpurist
128 «Salute to Satchmo», S. 98
129 «Swing That Music», S. 101
130 Vgl. Collier, S. 250
131 «Swing That Music», S. 103
132 Vgl. Collier, S. 251
133 Robert Goffin: «From the Congo to the Metropolitan», S. 82 f
134 «Swing That Music», S. 108 f
135 «Melody Maker» in: Chilton, S. 137
136 Vgl. Faber, S. 138
137 «Swing That Music», S. 111
138 Vgl. Collier, S. 265
139 Vgl. Chilton, S. 153 f
140 Vgl. Collier, S. 267
141 Vgl. Chilton, S. 157 f
142 Ebd., S. 272 f
143 «Life», 15. April 1966
144 Vgl. Collier, S. 279
145 Ebd., S. 286
146 «Salute to Satchmo», S. 80
147 Shapiro, S. 206

148 Vgl. «Bird Lives», S. 152

149 Vgl. den Roman «Onkel Toms Hütte» von Harriet Beecher Stowe

150 Dizzy Gillespie: «To Be Or Not To Bop», S. 295 f

151 Vgl. Collier, S. 303

152 «Holiday», Oktober 1948, Rubrik Entertainment

153 Joe Glaser Paper

154 «Down Beat», Chicago, 22. Februar 1952

155 «Down Beat», Chicago, 26. August 1949

156 Joe Glaser Paper: «World's Foremost Entertainer, Louis Armstrong And His All Stars»

157 «New York Telegram» und «Sun», 18. Dezember 1956

158 «Life», 25. November 1957

159 Vgl. «Jazz in Wort und Bild» in der Zeitschrift «Schlagzeug» vom 6. Juni 1959, S. 7

160 «New Post», 3. Juli 1959

161 «Ebony», September 1956

162 Vgl. Gold: «Cake Walk, an entertainmant, in which a cake is the price for the most graceful walking.» Alfons M. Dauer vermerkt hingegen in seinem Aufsatz: «Ragtime. Entwurf eines Entstehungsschemas und einer musikalischen Entwicklungsgeschichte» in «Jazzforschung» 18, S. 160: «... und man war zeitweise der oberflächlichen Meinung, beim ‹Cake Walk› wäre es um den Gewinn eines Kuchens gegangen.»

163 «Daily News», Accra, 24. Mai 1956

164 Ebd.

165 Vgl. Soundtrack zu «Satchmo The Great», Liner Notes

166 Vgl. Chilton, S. 182 f

167 Panassié, S. 186

168 Liner Notes zu «Satchmo The Great»

169 Ebd.

170 Vgl. Gold

171 «New York Times», 10. Mai 1956

172 Liner Notes zu «Satchmo The Great»

173 Ebd.

174 Associated Press, Spoleto, 25. Juni 1959

175 Ebd.

176 Vgl. Collier, S. 327 f

177 Ebd., S. 329

178 Ralph Gleason: «The Honest Man Who Managed Armstrong» in: «San Francisco Chronicle», 11. Juni 1969

179 Vgl. «Down Beat», Chicago, 16. September 1971

180 Dan Morgenstern, ebd.

181 Ebd.

182 Vgl. «Times Picayune», New Orleans, 8. Juni 1971

183 Vgl. «Daily News», 5. Juli 1973: «Tootin' the Horn for Ol' Satchmo. Lucille and 9000 jam it up for Louis!»

184 «The New Orleans State Item», 12. April 1980

185 Ebd.

186 Gannett New Service, New York, 15. Juli 1973

187 «San Francisco Chronicle», 7. Juli 1971

188 Vgl. Collier, S. 153

189 Ebd., S. 156

190 Ebd., S. 165

191 Vgl. Jost, S. 48 f

192 Joe Glaser Paper

193 Vgl. Eisler, S. 252 f

194 Vgl. Collier, S. 287

195 Morgenstern in: Collier, S. 286

196 «Musical Express», 19. Oktober 1951

197 Vgl. «Second Line», New Orleans, 19. Oktober 1953, Arthur Katona, Phil. D. in Sociology, University of Wisconsin

198 «Melody Maker», London, 5. September 1955

199 Vgl. «Salute to Satchmo», S. 85

200 Der Manager Joe Glaser über Armstrong in: «Life», 15. April 1966

201 «Time Magazine», 1960; «Africa Harks To Satch Horn»
202 Chilton, S. 180
203 «Records», 21. Juni 1964
204 «Dixie», 14. Dezember 1969
205 «I Never Did Want To Be No Big Star» in: «Life», 15. April 1966
206 TV-Interview, Boston 1960
207 «Toronto Telegram», 11. März 1965
208 Ebd.
209 «New Orleans State Item», 10. April 1965
210 Vgl. O'Brien, S. 8
211 Vgl. «Mayfair», Juni 1957
212 Vgl. «Satchmo blows them Wars Away» in: «Washington D. C. News», 3. Juli 1957
213 «No Iron Curtain Says Satchmo» in: «New Orleans State Item», 10. April 1965
214 «Horn Blows Away Communiste Reserve – Satchmo Conquers Reds On Tour» in: «New Orleans State Item», 20. April 1965
215 Vgl. Chilton, S. 176 f
216 «New York Harold Tribune», 13. September 1957

Zeittafel

1900	oder 1898 (nach Collier): Louis Armstrong in New Orleans geboren
1905	Umzug nach Black Storyville, 1233 Perdido Street
1906	Zeitungsausträger
1907	Fisk School
1912	Gründung des Vokalquartetts «Happy Shots»
1912	oder 1913: Verhaftung und Einweisung in das «Colored Waif's Home»
1914	Entlassung
1915	Clarence, späterer Adoptivsohn, in New Orleans geboren
1916	Erstes eigenes «Orchester»
1917	Erstes Engagement bei Henry Matranga im Dago Tonk. – Heirat mit Daisy Parker 12. November: Schließung des Vergnügungsviertels Storyville in New Orleans
1918	Joe «King» Oliver geht nach Chicago, Louis Armstrong nimmt seinen Platz in Kid Orys Band ein
1919–1921	Drei Sommer lang in Fate Marables «Mississippi River Band» 8. August: Telegramm von Joe Oliver. – Übersiedlung nach Chicago in Joe Olivers «Creole Jazz Band»
1923	Auftritte im «Lincolns Garden», Tour nach Illinois, Ohio, Indiana. Erste Schallplattenaufnahme mit «King» Oliver: 31. März: Scheidung von Daisy Parker-Armstrong vermutlich ausgesprochen
1924	Tour nach Wisconsin, Michigan, Pennsylvania. – 5. Februar: Heirat mit Lil Hardin, am 13. Oktober zu Fletcher Henderson nach New York («Roseland Ballroom»)
1925	Private Theaterauftritte und Sommertour mit Henderson nach Connecticut, Maine, Maryland, Massachusetts, Pennsylvania. Erste Aufnahmen mit Bessie Smith und anderen Blues-Sängerinnen. Anfang November: Rückkehr nach Chicago zu «Lil Armstrongs Dreamland Syncopators». 12. November: Erste Aufnahmen der «Hot Five». Engagement bei Erskine Tate in seinem «Vendome Theater»
1926	Einstieg in das «Carroll Dickerson Orchester» im «Sunset Café». Dort trifft Armstrong den Pianisten Earl Hines und zum erstenmal seinen späteren Manager Joe Glaser. – 12. Juni: Einziges öffentliches Auftreten der «Hot Five» im «Coliseum», Chicago
1927	Mit Earl Hines Gründung einer eigenen Band: «Louis Armstrong

And His Stompers», auch Auftritte mit dem «Clarence Jones Orchester» im «Metropolitan Theater». – Mai: Erste «Hot Seven»-Formation

1928 Vermutliches Todesjahr von Mary-Ann Armstrong, Louis' Mutter. Mit Carroll Dickerson im «Savoy Ballroom», Chicago. Juni: Erste Aufnahmen der zweiten «Hot Five»

1929 Mit der «Carroll Dickerson Band» nach New York: «Connie's Inn». Theaterarbeit mit Leroy Smith bei der Show «Hot Chocolates». Übernahme des Orchesters von Luis Russell: Tourneen und Aufnahmen

1930 Erster Aufenthalt in Kalifornien, Hollywood: «Frank Sebastians New Cotton Club» (Les Hite Orchestra mit Lionel Hampton). Johnny Collins ist Louis Armstrongs Manager

1931 Rückkehr nach Chicago, Auftritte mit «Zilmer Randolphs Orchestra» u. a. im «Showboat Café». Ausgedehnte Tourneen bis nach New Orleans, erstes Wiedersehen mit seiner Heimatstadt nach neun Jahren, viermonatiges Engagement im «Suburban Gardens». – November: Rückkehr nach Chicago. Trennung von Lil

1932 Erste Anzeichen eines Lippenleidens. Erste Europa-Reise am 14. Juli mit der «SS Majestic», ausgedehnte Gastspielreisen in England. – November: Rückkehr nach Amerika, Aufnahmen mit dem Orchester Charlie Gaine und Chick Webb. Willie Armstrong, Louis' Vater, gestorben

1933 Zweite Europa-Reise, zahlreiche Konzerte in Dänemark, Schweden, Norwegen, Holland, England

1934 Oktober: Erste Aufnahmen in Paris, Tournee durch Belgien, die Schweiz, Italien

1935 Rückkehr nach New York, das Lippenleiden wird immer schlimmer (sechs Monate Arbeitsunterbrechung). Joe Glaser wird Armstrongs Manager, das «Luis Russell Orchestra» wird erneut als «Louis Armstrong And His Orchestra» gebucht, und zwar bis 1943

1936 Buch von Louis Armstrong: *Swing That Music*

1937 Erneuter Aufenthalt in Hollywood, Film: «Every Day's a Holiday»

1938 Scheidung von Lil Hardin-Armstrong. Heirat mit Alpha Smith. – 10. April: Tod von Joe «King» Oliver. – Mai: Armstrong in New York, Solo-Film in Hollywood: «Going Places»

1939 Aufnahmen mit dem «Casa Loma Orchestra», ausgedehnte Tourneen in Theatern und Ballsälen der USA, Rolle in dem Musical: «Swinging The Dream» (Rockefeller Center)

1940 Mai: Aufnahmen mit der zweiten «Hot Seven»-Formation

1941 Juni: Ontario, Kanada

1942 Scheidung von Alpha Smith-Armstrong. Heirat mit Lucille Wilson

1943 Film: «Cabin In The Sky»

1944 Januar: Aufnahmen mit den «Esquire All Stars» im Metropolitan Opera House, New York

1945 New York

1946 Erste Aufnahmen mit Ella Fitzgerald

1947 Film: «New Orleans», Fortführung der Big Band-Arbeit, aber auch erstes Konzert in der Carnegie Hall mit Edmond Hall. Gründung der «Louis Armstrong All Stars», erster offizieller Auftritt: 13. August in «Billy Bergs Club», Hollywood. 30. November: Weitere Konzerte: Chicago Civic Opera, New York Town Hall, Boston Symphony Hall

1948   Dritte Europa-Reise, Auftritt beim ersten großen europäischen Jazzfestival in Nizza. – Mai: Carnegie Hall Concert, Hollywood-Film: «A Song Is Born»

1949   Vierte Europa-Reise, Louis Armstrong wird in New Orleans «King of the Zulus» (Mardi Gras – Karnevals-Umzüge)

1952   Buch von Louis Armstrong: *SATCHMO, My Life In New Orleans.* Fünfte Europa-Reise, mit den «All Stars» in Hawaii

1954   Australien und Japan

1955   Europa

1956   Australien, Ferner Osten, London (nach 22 Jahren!), erste Afrika-Reise

1957   Newport Jazz-Festival, Südamerika. Film: «Satchmo The Great»

1958   Newport Jazz-Festival, Film: «Jazz On A Summers Day»

1959   Während ausgedehnter Europa-Reise: Krankheit in Spoleto, Italien

1960   Zweite Afrika-Reise

1961   Immer größere Nachfrage nach den «All Stars» und Louis Armstrong bis 1967: Tourneen nach Afrika, Australien, Neuseeland, Mexiko, Island, Indien, Singapur, Korea, Hawaii, Japan, Hongkong, Formosa, Ost- und West-Deutschland, ČSSR, Rumänien, Jugoslawien, Ungarn, Frankreich, Holland, Skandinavien, England

1963   Konzert für John F. Kennedy im «Waldorf Astoria», New York

1964   «Hello Dolly!», ein Millionen-Hit

1965   Mit den «All Stars» in New Orleans, Armstrong erhält den «Schlüssel der Stadt»

1967   Lungenentzündung, von April bis Juni außer Aktion

1968   Las Vegas, Los Angeles, Chicago, Hit-Parade: «What A Wonderful World». Beth Israel-Hospital, New York: Atemprobleme

1969   «Hello Dolly!» mit der Duke Ellington-Band, Joe Glasers Tod

1970   TV-Show, LP: «Louis And His Friends» (Studio-Geburtstagsfeier). Juli: «Salute to Satchmo-Night» in Newport

1971   TV-Show, David Frost-Show mit Bing Crosby, zweiwöchiges Engagement im «Waldorf Astoria», New York. Herzattacke, Beth Israel-Hospital, einen Monat auf der Intensivstation, Entlassung am 15. März.

Am 6. Juli, um 5 Uhr 30 morgens im Schlaf gestorben in seinem Haus in Corona, New York

Zeugnisse

Joachim Ernst Berendt
In einer Fernsehsendung zum Tode Louis Armstrongs im Jahre 1971 sagte ich: «Kein Ton heute, im Radio, im Fernsehen, auf Platten, der nicht immer ein wenig von Armstrong her käme. Man muß ihn vergleichen mit den anderen Großen, die die Kunst dieses Jahrhunderts formten – mit Strawinsky, Picasso, Schönberg, James Joyce... Er war der einzige gebürtige Amerikaner unter ihnen. Ohne Armstrong gäbe es keinen Jazz. Ohne Jazz keine moderne Tanz- und Pop- und Gebrauchsmusik. Alle die Klänge, von denen wir täglich umgeben sind, wären anders ohne Satchmo, es gäbe sie nicht ohne ihn. Ohne ihn wäre der Jazz die lokale Volksmusik von New Orleans geblieben – so obskur wie Dutzende anderer Volksmusiken.»
«Das Große Jazzbuch». 1982, S. 75

James Lincoln Collier
Wenn wir auf Louis Armstrongs gesamte Karriere zurückschauen, werden wir durch zwei Dinge berührt. Erstens ist da sein außerordentlicher Einfluß auf die Musik des 20. Jahrhunderts. Wie wir gleich sehen werden, erscheint sein Kennzeichen überall: es ist kaum möglich, das Radio einzuschalten, ohne etwas zu hören, das Armstrong nicht gestaltet hätte. An zweiter Stelle steht die verbitternde Verschwendung seines erstaunlichen Talents während der letzten zwei Drittel seiner Karriere. Wenn Armstrong aufgehört hätte nach 1933 zu spielen, als er seine zweite Reise nach England machte, wäre unsere Meinung von ihm kaum eine andere gewesen... Ich kenne keinen anderen amerikanischen Künstler, der sein eigenes Talent so sehr verfehlt hätte.
...*West End Blues* wurde schließlich nicht gemacht, um zu instruieren, sondern um zu unterhalten. Armstrongs Problem war nicht, eine Reaktion von seinem Publikum zu erhalten; er benutzte zu oft recht eindeutige Tricks, um sie zu erhalten.
«Louis Armstrong». 1983, S. 342 f

Hugues Panassié
Also, glauben Sie mir, versetzen Sie sich in die Schule der Schwarzen, hören Sie mit ihnen Louis Armstrong und mit ihnen werden Sie eines

Tages die ganze Reinheit und das ganze Genie eines der größten Musiker erkennen, die die Menschheit gekannt hat.

«Louis Armstrong». 1969, S. 215

Dan Morgenstern

Es gibt diejenigen, die man bereits überall in der Jazzwelt finden kann, die Armstrong seine Vollkommenheit beneiden. Sie sind zu bedauern, denn diese Vollkommenheit kann nur an Begriffen wie Verbreitung von Liebe, Glück und Schönheit gemessen werden, und auf solche Qualitäten neidisch zu scin, bedeutet ein unfruchtbares Herz zu haben. Auch können solche Leute keine Vorstellung von der wunderbaren Fülle an Anstrengung und Energie haben, die dieser Mann in sein Lebenswerk gesteckt hat. Denn es kann keine Frage sein, daß Armstrong der eingebungsvollste und härteste Arbeiter von den großen Künstlern ist, in dem Bereich, den man so geschickt «show business» nennt... Sein Ruhm ist ihm niemals zu Kopf gestiegen; vielleicht ist das eines der Geheimnisse seines Ruhms. Und er ist nicht arrogant geworden.

...Obwohl er einer der größten Improvisatoren ist, die der Jazz gekannt hat, ein Mann, der, wenn er gerade nur dieses Thema spielt, jedem Ton sein eigenes unauslöschliches Merkmal gibt, trotzdem an das Thema als wesentliches Element glaubt.

...Louis Armstrong war absolut und völlig er selbst, so unfähig ein falsches Wort zu sagen wie unfähig einen falschen Ton zu spielen oder zu singen.

...Louis Armstrong ist tot, aber er wird immer leben. Nun, vielleicht werden diejenigen, die gegenüber seiner universalen Botschaft der Liebe taub waren, fähig sein, sie zu verstehen. Ich kann mir keinen besseren Tribut als seine eigenen Werke vorstellen. Er sprach von einem großen Freund und schöpferischen Kollegen, Fats Waller, aber diese Worte sagen eben so viel über ihn selbst aus: «Was er uns vor allem geben wollte, war ein Leben voller Freude und Lachen.»

«Downbeat». 1965 und 1971

Duke Ellington

Wenn irgend jemand Mister Jazz war, dann war es Louis Armstrong. Er war und wird sein der Inbegriff des Jazz. Jeder Trompeter, der sich für das amerikanische Idiom entschied, wurde von ihm beeinflußt. Er inspirierte Tausende von Menschen, dasselbe Instrument zu spielen und zu versuchen, den Louis Armstrong-Stil zu spielen. Er ist das, was ich ein amerikanisches Vorbild, ein amerikanisches Original nenne. Es ist ein großer Verlust, denn er ist unersetzlich, und wir werden ihn schrecklich vermissen. Ich liebe ihn. Gott segne ihn.

«Downbeat». 1971

ZEICHEN DER ZEIT

1900

Louis Armstrong wird geboren,
während alle Amerikaner...

...begeistert den Cakewalk tanzen. Ein Viertel der Erdbevölkerung hat weniger Grund zur Freude, denn diese Menschen leben in Kolonialgebieten.

Aufwärts geht es mit dem Zeppelin und in Paris mit der ersten Rolltreppe. Schneller vorwärts kommt man in Berlin mit der ersten Autodroschke.

Im Tennis wird der Davis-Pokal gestiftet. Auch die Konkurrenz schläft nicht: Wir verzeichnen die Gründung des Deutschen Fußball-Bundes. Den Pfandbrief gibt es seit 131 Jahren.

D. Leon Wolff
Louis Armstrong hörte auf, Gott zu sein.

Er bleibt technisch und schöpferisch hinter dem heutigen Niveau zurück. Sogar im *West End Blues*, der aufgenommen wurde als Armstrong auf der Höhe seiner Kraft war, hat man dieses Gefühl eines Kampfs mit seinem Instrument. Das ist vollkommen erkennbar in der zerfaserten Solo-Introduktion und im Schluß.

«Music And Rhythm». 1941

Chris Nelms
Louis swingt nicht, behauptet ein amerikanischer Pianist und Arrangeur, der nun in England arbeitet. Er kann die britische Anbetung von Louis Armstrong nicht verstehen. Er fragt: Was hat Louis für die Musik getan?

«Melody Maker». 1957

André Hodeir
Ich würde nicht so weit gehen und behaupten, Louis Armstrong erfand den «swing», aber, wenn ich seine Schallplatten höre, möchte ich es annehmen.

«Jazz, It's Evolution And Essence». 1956, S. 51

Gunther Schuller
Obwohl der Jazz durch das derbe Entertainment und die Nachtclubwelt der Prohibitionszeit ernährt wurde, überstieg Armstrongs Musik diesen Kontext und seine Folgen. Das war Musik um der Musik willen. Sicher nicht zum erstenmal im Jazz, aber niemals vorher in solch brillanter und eindeutiger Form.

«Early Jazz». 1968, S. 89

Bing Crosby
Ja, ich bin stolz darauf, meine Ehrerbietung dem Reverend Satchelmouth zu erweisen. Er ist Anfang und Ende der Musik in Amerika.

«Downbeat». 1950

Dizzy Gillespie
Er hat die Trompete als Soloinstrument etabliert. Die hervorragende Qualität in seinem Stil war Energie. Er war für seine Hunderte von hohen c's bekannt, eines nach dem andern, jedes auf gleicher Höhe und für den Spitzenton auf einem hohen f oder g. Das war vorher noch nie zu hören gewesen. Sein melodisches Konzept war nahezu perfekt, sein Rhythmus fehlerfrei, sein Humor brachte Freude in das Leben von buchstäblich Millionen von Menschen, beide schwarz und weiß, arm und reich.

«New York Times»

Trummy Young

Ich möchte ehrlich sagen, Louis Armstrong ist Jazz. Er ist bis ans Ende der Welt gegangen, um Jazz an Millionen Menschen zu vermitteln. Er hat Glück und Lachen zu Leuten in einer Welt von Elend gebracht. Es war ein Erlebnis, für kurze zwölf Jahre mit ihm zu spielen. Er hat ein Herz aus Gold. Es wird nie wieder einen Louis Armstrong geben.

«Salute to Satchmo». 1970, S. 116

Lionel Hampton

Ich habe in den frühen dreißiger Jahren regelmäßig mit Louis gearbeitet, als wir im «Cotton Club», Kalifornien, waren, und ich habe niemals irgend jemand das spielen hören, was Louis dort auf der Trompete spielte, vorher nicht und nachher nicht ... Kein anderer Musiker hat so viel Tribut geleistet wie Louis, er ist die größte lebende Kraft, die wir im Jazz haben. Er ist eine musikalische Revolution in einer Person, der das ganze Musikgeschäft beeinflußt hat, sowohl instrumental als auch vokal. Satch hat für jedermann den Anfang gesetzt.

«Salute to Satchmo». 1970, S. 118

Miles Davis

Weißt du, du kannst nichts auf einem «Horn» spielen, das Louis nicht bereits gespielt hat ... ich meine sogar modern. Ich liebe seine Tongebung; er klingt nie schlecht. Er spielt auf dem beat, und du kannst nie irren, wenn du auf dem beat spielst, solange es mit Gefühl ist. Das ist eine andere Swingphrase.

«Salute to Satchmo». 1970, S. 118

Jewgenij A. Jewtuschenko

The great Satchmo was sweating.
Niagara fell from his forehead.
But his trumpet rose high
With a roar.
He trumpeted to the world his love.
He was stolen from the World by his grave
From his beloved Africa.

[Der große Satchmo war in Schweiß gebadet.
Der Niagara fiel von seiner Stirn.
Aber seine Trompete erhob sich
Mit einem Brüllen.
Er spielte mit seiner Trompete seine Liebe in die Welt hinaus.
Er wurde der Welt weggenommen in seinem Grab
Von seinem geliebten Afrika.]

«Special to the New York Times», 1971

Bibliographie

Spezielle Literatur zu Louis Armstrong

ARMSTRONG, LOUIS: Mein Leben, mein New Orleans. Rowohlt, Hamburg 1953

ARMSTRONG, LOUIS: Swing That Music. Longmans, Green and Co., London–New York–Toronto 1936

ARMSTRONG, LOUIS: The Life And Thoughts of Louis Armstrong – a self portrait, the Interview by Richard Meryman. The Eakins Press, New York 1966

COLLIER, JAMES LINCOLN: Louis Armstrong. Michael Joseph, London 1984 – Pan Books, London and Sidney 1985

FABER, ANNE: Louis Armstrong. Dressler Verlag, Hamburg 1977

GOFFIN, ROBERT: Horn Of Plenty. Greenwood Press Publishers, Westport, Connecticut 1947

JONES, MAX, und JOHN CHILTON: Louis. The Louis Armstrong Story. Little Brown and Company, Boston–Toronto 1971

JONES, MAX, JOHN CHILTON und LEONARD FEATHER: Salute to Satchmo. A Melody Maker Publication, 1970

MCCARTHY, ALBERT J.: Louis Armstrong. Hatje, Stuttgart 1960

O'BRIEN, RALPH: Louis Armstrong, eine Bildchronik. Sanssouci Verlag, Zürich 1960

PANASSIÉ, HUGUES: Louis Armstrong. Nouvelles Éditions Latines, «Collection Jazz Panorama», Paris 1947

SLAWE, JAN: Louis Armstrong. Papillon, Basel 1953

Allgemeine Literatur

BERENDT, JOACHIM ERNST: Das große Jazzbuch. Von New Orleans bis Jazzrock. Fischer, Frankfurt 1982

DAUER, ALFONS MICHAEL: Jazz, die magische Musik. Schünemann, Bremen 1961

DAUER, ALFONS MICHAEL: Blues aus 100 Jahren. Fischer, Frankfurt 1983

EISLER, HANNS: Materialien zu einer Dialektik der Musik. Reclam, Leipzig 1976

FEATHER, LEONARD: From Satchmo to Miles. Stein and Day, New York 1972

FEATHER, LEONARD: The Book of Jazz from Then Till Now. Bonanza Books, New York 1957

GILLESPIE, DIZZY: To be or not to bop. W. H. Allen, London 1980

GOFFIN, ROBERT: Jazz from the Congo to the Metropolitan. Dacapo Press, New York 1975

HIRSCHBERG, WALTER: Völkerkunde Afrikas. Hochschultaschenbücher-Verlag, Bibliographisches Institut AG, Mannheim 1965

HODEIR, ANDRÉ: Jazz its Evolution and Essence. Grove Press, New York 1956

Jazz Research Papers. National Association of Jazz Educators, Manhattan, Kansas 1985

Jazz Word, The: The Jazz Book Club, London 1963

JOST, EKKEHARD: Sozialgeschichte des Jazz in den USA. Fischer, Frankfurt 1982

LEE, BLANDENA: Amerikaner zweiter Klasse. Verlag Helmut Kossodo AG, Genf und Hamburg 1967

MEZZROW, MILTON MEZZ: Jazzfieber. Im Verlag der Arche, Zürich 1956

RUSSELL, ROSS: Bird Lives. Quartet Books, London 1973

SHAPIRO, NAT, und NAT HENTOFF: Jazz erzählt, von New Orleans bis West Coast. dtv, München 1962

SCHULLER, GUNTHER: Early Jazz. Oxford University Press, New York 1968

WILLIAMS, MARTIN: King Oliver. Hatje, Stuttgart 1960

Lexica, Nachschlagewerke

FEATHER, LEONARD: The New Encyclopedia of Jazz. Bonanza Books, New York 1960

GOLD, ROBERT S.: Jazz Talk. The Bobbs-Merrill Company, Inc. Indianapolis, N. Y. 1975

Reclam Jazzführer. Reclam, Stuttgart 1970

TARR, EDWARD: Die Trompete. Schott, Mainz 1984

TOWNLEY, ERIC: Tell your Story. A dictionary of Jazz and Blues recordings 1917–1950. Storyville Publications, Chigwell, Essex 1976

Musicographie

ARMSTRONG, LOUIS: Dixieland-style/trumpet. Charles Hansen, New York
Louis Armstrong a Jazzmaster. MCA Music, Melville, N.Y. 1975
ARMSTRONG, LOUIS: 125 Jazz Breaks for Trumpet. Charles Hansen, New York 1927
ARMSTRONG, LOUIS: Immortal Trumpet Solos. Leeds Music Corporation, New York, Chicago, Hollywood, London 1947
HANDY, W. C.: Blues: An Anthology. Macmillan Publishing Co., New York 1973
SMITH, BESSIE: Empress of the Blues. Frank Music Corp., Walter Kane, New York 1975
WALLER, FATS: Ain't Misbehaving. The Big 3 Music Corporation, New York 1978

Nachweis der Musikbeispiele

1. «Chimes Blues»
   King Oliver's Creole Jazz Band with Louis Armstrong and Johnny Dodds, March 31, 1923, Richmond, Indiana
   Classic Jazz Masters CJM 88502
2. «Dippermouth Blues»
   s. Nr. 1, Richmond, Indiana, April 6, 1923
3. «Heebie Jeebies»
   Louis Armstrong and his «Hot Five», «Hot Seven» and his «Savoy Ballroom Five»
   Chicago, February 26, 1926
   Joker, 5 records set, C 67/5
4. «Cornet Shop Suey»
   s. nr. 3
5. «Muskrat Ramble»
   s. Nr. 3
6. «Big Butter And Egg Man»
   Vocal Louis Armstrong and Mae Alix s. Nr. 3
   Chicago, November 16, 1926
7. «Potato Head Blues»
   s. Nr. 3
   Chicago, May 10, 1927
8. «Struttin' With Some Barbecue»
   s. Nr. 3
   Chicago, December 9, 1927
9. «West End Blues»
   s. Nr. 3
   Chicago, June 28, 1928
10. «Weather Bird»
    s. Nr. 3
    Chicago, December 5, 1928
11. «When You Are Smiling»
    Louis Armstrong and «Savoy Ballroom Five» and his Orchestra
    The King Jazz Story Collectors Edition Vol. 6, 1928–1929
    New York, September 11, 1929
    Joker/SM 3747
12. «Ain't Misbehaving»
    s. Nr. 11
    New York, July 19, 1929
13. «I Can't Give You Anything But Love, Baby»
    s. Nr. 11
    New York, March 5, 1929
14. «Sweethearts On Parade»
    Louis Armstrong and his Sebastian New Cotton Club Orchestra

Discographie

Spezielle Discographie

WESTERBERG, HANS: Boy From New Orleans. Louis «Satchmo» Armstrong on records, films, radio and television. Jazzmedia ApS, Kopenhagen 1981

Allgemeine Discographien

BRUYNINCKX, WALTER: 60 Years Of Recorded Jazz. 1917–1977–1978. 6 Folgen zu 1500 Seiten. Selbstverlag, Mechelen (Belgien) 1978

JEPSEN, JORGEN GRUNNET: Jazz records. A discography. 8 Bände. Knudsen, København 1963–1970

SCHEFFNER, MANFRED: Bielefelder Katalog Jazz. Vereinigte Motor-Verlage, Stuttgart 1987

Nachbemerkung

Ich danke Dan Morgenstern, Institute of Jazz Studies, Rutgers University, New Jersey; Curtis D. Jerde, William Ranson Hogan Jazz Archive, Tulane University, New Orleans; Alfons M. Dauer, Internationale Gesellschaft für Jazzforschung, Graz; Erhard Kayser, Evangelische Friedenskirche, Bergkamen; Dr. Klaus Stratemann, Preußisch Oldendorf; Winfried Mayer, Berlin; Beryl Bryden, London; Kofi Adjomey, Accra; Ben Kweku Nelson, Dixcove; Gabi Braun, München; Ellen Galizzi, Essen; Marliese Reichardt, Mühlheim; Ursula Szelersky, Duisburg für Hinweise und Hilfen.

Namenregister

Über die Autorin

Ilse Storb wurde 1929 in Essen geboren. Sie studierte Schulmusik an der Musikhochschule Köln, Musikwissenschaft und Romanistik an der Universität Köln und an der Sorbonne, Paris. Zur Vorbereitung ihrer Dissertation über «die Harmonik in den Klavierwerken von Claude Debussy» erhielt sie ein Stipendium von der französischen Regierung und promovierte 1966 in Köln. – Ilse Storb war elf Jahre an verschiedenen Essener Gymnasien tätig und wurde 1968 Oberstudienrätin im Hochschuldienst im Fach Musikpädagogik der Pädagogischen Hochschule Ruhr – Abteilung Duisburg. – Motiviert durch den ersten Kongreß der Internationalen Gesellschaft für Jazzforschung 1969 in Graz gründete sie zusammen mit Joe Viera, München, ein Jazzlabor für die Musiklehrerausbildung. Sie verfaßte ihre Habilitationsschrift über den Pianisten und Komponisten Dave Brubeck und schrieb ein Jazzbuch für die Schule. 1982 wurde sie zur Professorin für «Systematische Musikwissenschaft einschließlich Jazzforschung» an der Universität – Gesamthochschule Duisburg ernannt. 1985 und 1987 veranstaltete sie internationale Kongresse für Jazzpädagogik. 1989 produzierte sie mit acht Gruppen des Jazzlabors eine Klangdokumentation.

Quellennachweis der Abbildungen

Rutgers University, Newark: 10/11, 19, 66, 72, 96, 97, 104, 120
dpa, Hamburg: 13, 20, 88, 91
Aus: Max Jones und John Chilton, Louis. The Louis Armstrong Story,
    Boston–Toronto 1971: 14, 84
Aus: «Esquire», Dez. 1971: 25
Aus: Ralph O'Brien, Louis Armstrong: 27, 40, 46
William Hogan Jazz Archive, Tulane University: 26, 36 o.
Max Jones, Middleton-on-Sea: 28, 30, 83, 86, 87, 103, 105
Sammlung der Autorin: 29, 116, 127
Aus: Anne Faber, Louis Armstrong, Hamburg 1977: 33
Aus: «Second Line», New Orleans Jazz Museum Publication: 34
Keystone, Hamburg: 36 u., 49, 68
Aus: Ekkehard Jost, Sozialgeschichte des Jazz in den USA, Frankfurt 1982: 39
Aus: James Lincoln Collier, Louis Armstrong, London–Sydney 1985: 41, 54
Aus: Chris Albertson, Bessie: 48
MCA Music, New York: 58, 59, 61, 62
Aus: Gunther Schuller, Early Jazz. Its Roots and Musical Development,
    New York 1968: 63
© Paul J. Hoeffler. Frank Driggs Collection, New York: 67, 70
Philippe Halsmann, New York: 81
Aus: Gary Giddins, Satchmo, New York 1988: 93, 134
Ullstein Bilderdienst, Berlin: 95
Philips Jazz Galery Louis Armstrong: 100, 102
I. Dagnibene: 101
Aus: STERN, 18. 4. 1971: 106
Moorland-Spingarn Research Center, Howard University, Washington: 107
Jack Bradley Collection: 108
Beryl Bryden, London: 111, 112
David Redfern, London: 6, 114
Sammlung Klaus Stratemann: 124

C 2055/6

rowohlts bildmonographien

Thema Musik

Eberhard Freitag
Arnold Schönberg
(202)

Detlef Gojowy
Dimitri Schostakowitsch (320)

Marcel Schneider
Franz Schubert (19)

André Boucourechliev
Robert Schumann
(6)

Kurt Honolka
Bedřich Smetana (265)

Norbert Linke
Johann Strauss (304)

Walter Deppisch
Richard Strauss (146)

Wolfgang Dömling
Igor Strawinsky (302)

Karl Grebe
Georg Philipp Telemann (170)

Everett Helm
Peter I. Tschaikosky
(243)

Hans Kühner
Giuseppe Verdi (64)

Michael Stegemann
Antonio Vivaldi (338)

Hans Mayer
Richard Wagner (29)

Michael Leinert
Carl Maria von Weber
(268)

Hanspeter Krellmann
Anton Webern (229)

Andreas Dorschel
Hugo Wolf (344)

bildmono ro ro ro graphien

C 2055/6 a

rowohlts bildmonographien

**Thema
Theater,
Film**

C 2056/8 a

rowohlts bildmonographien

Thema Kunst

C 2056/7

rororo
bildmono graphien

C 2053/9

rowohlts bildmonographien

**Thema
Geschichte**

bildmono ro ro ro graphien

C 2053/9 a